무엇이
행복한
영재를
만드는가

무엇이 행복한 영재를 만드는가

발행일 2024년 6월 26일 1판 1쇄 발행

지은이 김성춘
펴낸이 조우석
펴낸곳 나비스쿨에듀
편집장 김현정
디자인 studio J
인쇄 예원프린팅

등록 No.2020-00008
주소 서울특별시 성북구 돌곶이로 40길 46
이메일 navischool21@naver.com

ISBN 979-11-94114-02-4 03190

나비스쿨에듀는 교육에 진심을 담는 도서출판 나비스쿨의 임프린트입니다.

무엇이 행복한 영재를 만드는가

글 김성춘

나비
스쿨
에듀

1만 명의 영재 교육
1천 명의 심층 상담
대한민국 부모에게 전하는
가장 따뜻한 교육 법칙

영재도
행복할 자격이
있다

"똑똑"

문을 두드리는 소리를 들으면 아직도 가슴이 설렌다. 또 어떤 아이가 자신만의 이야기를 들고 나를 찾아왔을까. 마음을 가다듬고 다정하게 소리 내어 말한다.

"들어오세요."

30여 년 전 엑스포기념재단에서 처음 영재들과 마주한 이후 벌써 이만큼의 세월이 흘렀다. 특별한 존재라고 말들 하지만, 내겐 그저 순수한 아이들일 뿐이다. 안타까운 건, 그 아이들을 괴롭혀온 고민이 여전히 현재진행형이란 사실이다.

"처음엔 어려운 문제를 푸는 게 즐거웠어요. 초등학교에 다닐 땐 중학교 문제를 풀고, 중학교에 들어가서는 고등학교 과정을 공부했어요. 한 계단씩 위로 오를 때마다 엄마와 아빠가 기뻐하는 모습이 좋았어요. 그런데 얼마 전부터 공부가 너무 버거워요. 왜 해야 하는지 이유도 잘 모르겠어요. 백 점을 받을 땐 마냥 칭찬하던 부모님이 성적이 떨어지니 매일 화를 내요. 공부를 못하는 저는 영 쓸모없는 사람인가 봐요."

문득 어린 시절의 내가 떠오른다. 먼지가 풀풀 올라오는 울퉁불퉁한 길과 지평선까지 이어진 논밭. 외딴 시골 마을에서 자랐던 나는 오히려 이런 말을 자주 들었다.

"뭐 하려고 쓸데없이 공부 같은 데 매달리냐?"

일찍 돌아가신 아버지를 대신해 큰아들인 내가 가장 노릇을 해야 한다는 것도, 밥도 돈도 생기지 않는 공부 대신 직업 전선에 빨리 뛰어들어야 한다는 것도 알았다. 하지만 나는 공부가 너무 하고 싶었다. 말리면 더 끌린다고, 괜한 짓 말라는 주변의 시선이 날 그렇게 공부의 길로 이끌었던 건지도 모르겠다. 참고서 같은 건 구할 수도 없어서 교과서가 다 낡아 떨어질 때까지 보고 또 보았지만, 공부만 하면 되는 요즘 아이들보다 어쩌면 그때의 내가 조금 더 행복했을지도 모르겠다는 생각이 들 때면 안타까움이 물처럼 마음에 번진다.

대한민국에 영재 교육 열풍이 분 지 오래다. 정부 지원 하에 공식적으로 설립된 대학부설 과학영재교육원은 각 지역의 컨트롤 타워 역할을 하며 학부모들의 선망의 대상이 되고 있다. 영재 아이들은 까다로운 과정을 거쳐 영재원에 선발된다. 수학과 과학 성적이 특출나게 높은 아이들 가운데 심층 면접을 통과한 아이들만이 비로소 입학 자격을 부여받는다. 이때 영재성을 파악하는 기준이 여럿 있는데, 그 가운데 가장 중요하게 고려하는 것이 바로 '지적 호기심'과 '과제집착력'이다. 새로운 세상을 탐구하는 데 큰 호기심을 갖고 있으며, 자신이 좋아하는 분야라면 아무리 어려운 문제라도 끝까지 붙들고 늘어지는 끈질김이 있을 때 비로소 영재원에서 공부할 자격을 얻는다.

"모든 아이는 자신만의 영재성을 지니고 있다."

완성된 영재가 대부분일 거라는 오해와 달리, 영재원에는 자신만의 씨앗을 품은 평범한 아이가 많다. 그 아이들이 수준 높은 교육을 받으며 각자의 영재성을 서서히 꽃피워나간다. 문제는 부모의 조급한 마음이다. 영재원 아이들도 감정 상태는 또래와 다를 게 없는데, 부모가 너무 일찍 아이를 어른 취급하는 것이다. 초등학생이 고등학교 수학 문제를 거뜬히 풀어낼 수 있다고 해서 그 아이의 몸과 마음이 고등학생이 되는 것은 아니다. 오히려 지능이 발달한 만큼 마음은 더 여리고 부모의 세심한 보살핌이 필요한 경우가 많다. 하지만 어른들은 똑똑한 아이들의 감정적 결핍을 좀처럼 인정해 주지 않는다.

"다 큰 애가 왜 이렇게 징징대니? 문제집은 다 푼 거야? 그거 빨리 마쳐야 다음 단계 들어가지."

"학교에서 있었던 일 그만 이야기하고 공부부터 하자. 중학교 수학 다 끝내면 그때 네가 말한 게임기 사줄게. 참, 과학도 해야지."

어릴 때는 부모의 칭찬이 좋아서 쉽게 다음 단계로 넘어가지만, 그런 과정이 반복되면 아이들이 지녔던 '호기심'과 '끈질김'은 어느새 바닥을 보이게 된다. 스스로 원해서 이뤄진 학문적 성취가 아니라 외부 자극에 의한 떠밀림 때문에 공부를 지속했기 때문이다.

설사 자신의 힘으로 한 계단씩 꾸준히 올라왔다고 해도, 어떤 영재든 살면서 한 번쯤은 벽에 부딪힌다. 왜 공부를 해야 하는지 의문이 드는 시기가 반드시 찾아오기 때문이다. 여태껏 잘해오던 아이가 공부하기 싫다는 말을 하면 부모는 극도의 경계심을 보이며 그 의문을 일시적인 현상으로 깎아내린다. 자칫 잘못해서 지금껏 공들인 탑이

와르르 무너질까 봐 두려운 마음이 들기 때문이다.

"왜 쓸데없는 생각을 하고 그러니. 고지가 코앞인데. 엄마 아빠가 시키는 대로만 하면 꽃길이 네 앞에 펼쳐질 거야. 그러니 괜한 생각 말고 어서 책상 앞에 앉으렴."

그 결과는 안타깝게도 일탈이나 우울증으로 이어지곤 한다. 때론 열정이 소진된 후에 찾아오는 번아웃 증후군을 몇 년째 겪기도 한다. 30년 동안 1만 명이 넘는 영재를 만나고 수없이 많은 학부모를 상담하면서 내가 내린 결론은 하나다.

"영재도 행복할 자격이 있다."

아이 키우기는 부모도 생전 처음 해보는 일이라 서툴 수밖에 없다. 게다가 내 아이가 뛰어나다는 것을 알면 금세 마음이 조급해진다. 하루빨리 좋은 환경을 만들어줘야겠다는 마음은 부모라면 누구나 갖는 생각이다. '좋은 환경'이라는 말에 수준 높은 교육 시설, 훌륭한 선생님, 성적 좋은 친구를 떠올리지만 사실 이런 것들은 두 번째다. 공부 잘하는 아이로 키우는 첫걸음은 아이의 말을 귀담아 들어주는 것이다. 그게 아무리 사소한 말이라도 기꺼이 귀 기울여주는 것, 이것이 행복한 영재를 길러내는 첫 번째 비결이다.

이 책에는 영재를 키우는 부모가 꼭 알아둬야 할 20가지 교육 법칙이 담겨 있다. 30년 동안 영재 상담을 하며 깨닫게 된 사실 중 가장 중요한 것들만 모았다. 흔들리던 시기, 꾸준히 상담을 받고 마음을 다잡아 몇 년 뒤 카이스트에 입학한 아이가 내게 했던 말이 떠오른다.

"선생님을 만난 건 제 생애 최고의 행운입니다."

가슴 따뜻한 아이를 길러내는 일에 동참할 수 있었다는 게 오히려 내겐 행운이었다. 아이들 일로 밤잠을 설치고 있을 이 땅의 수많은 부모와 이 행운을 함께 나누고 싶다.

• 이 책의 내용은 실제 상담 사례를 바탕으로 하고 있습니다.
아이들의 이름은 모두 가명을 사용했으며, 일부 내용은 각색되었음을 알려드립니다.

C·O·N·T·E·N·T·S

CHAPTER 1

묻고
답하며
성장해간다

01

질문 많은
아이가
행복하다

"혹시 타임머신이 있다면 뭘 하고 싶으세요?"

영재원 수업을 마치고 뒷정리를 하는데, 현중이가 다가와서 이렇게 물었다. 곰곰이 생각하다가 말해주었다.

"어릴 때 아버지가 돌아가셔서 함께했던 추억이 거의 없어. 그래서 아버지가 살아계신 때로 가보고 싶어. 한 시간이라도 실컷 이야기를 나눠볼 거야."

현중이는 똘망똘망한 눈으로 내 이야기에 귀 기울여주었다. 나도 문득 궁금해져서 아이에게 물었다.

"넌 어떤 시간으로 가보고 싶니?"

"저는 역사 속 중요한 순간을 하나씩 찾아가 보고 싶어요. 제대로 남아있는 기록도 있지만 사라진 것들도 많잖아요. 제 눈으로 확인해서 빈칸을 채워보려고요."

아이를 배웅한 뒤 사무실로 돌아오면서 신기한 생각이 들었다. 제법 오랜만에 그런 질문을 받아봤기 때문이었다.

"질문 있는 사람?"

수업이 끝날 때마다 매번 습관처럼 묻지만, 손을 드는 아이는 아무도 없다. 그런지 꽤 되었다. 꼭 수업 내용이 아니어도 괜찮다고 해도 다들 묵묵부답이다.

"질문 없으면 수업 끝!"

몇 년 동안 매번 이런 모습이었는데, 오랜만에 이렇게 이야기를 나누니 반가운 생각이 들었다. 예전에는 다들 궁금한 게 참 많았다. 수업이 끝나면 아이들이 교탁 앞으로 몰려와 끊임없이 질문을 던지곤 했다.

"선생님, 여름 캠프는 언제 가요?"
"선생님, 우리 단체복은 왜 빨간색이에요? 검은색이 더 멋지지 않아
요?"
"선생님, 견학 갈 때 버스에서 제 옆에 앉으면 안 돼요?"
"선생님, 머리 모양이 왜 평소랑 달라요?"

아이들의 호기심을 해결해주느라 한동안 교탁 앞을 떠나지 못했다.
질문을 건네는 아이들의 얼굴에는 웃음이 떠나질 않았다. 한동안 그
렇게 수다를 떨고 나서도 아이들은 못내 아쉬워했다. 사소한 질문의
효과는 생각보다 커서, 학기가 끝나갈 무렵이 되면 우리는 서로에 대
해 많은 것을 아는 사이가 되었다. 함께한 지 몇 달이 되어가도 매번
서먹한 요즘과 달리 그때는 그런 시간이 일상이었다.

미국 대통령 버락 오바마가 우리나라에 온 적이 있다. 전 세계 기자
가 모인 회견장에서 오바마 대통령은 한국 기자들에게 가장 먼저 질
문할 기회를 주었다. 주최국을 위한 배려였다. 그런데 아무리 기다려
도 누구 하나 나서는 사람이 없었다. 어색한 침묵이 흐른 뒤, 중국 기
자 한 명이 질문을 던져서 상황을 수습했다. 화면을 통해 그 장면을
지켜보면서, 요즘 아이들의 질문 없음이 어쩌면 생각보다 뿌리가 깊

무엇이 행복한 영재를 만드는가

을지도 모르겠다는 생각을 했다. 궁금한 걸 질문하면 칭찬을 들어야 하는데, 뭐 그런 사소한 것까지 묻느냐고 핀잔을 듣다 보니 다들 입을 다물게 되는 것이다.

하루는 현중이 부모님이 상담 신청을 하셨다. 아이의 영재원 활동이 궁금하신 모양이었다. 긴 세월 상담을 해온 나에게도 그날 본 풍경은 인상적이었다. 문을 열고 들어서는 현중이 뒤에 부모님과 동생이 나란히 있었다. 상담하는 내내 왁자지껄 즐거운 분위기가 이어졌다. 뭐든 자유롭게 묻고, 다정하게 대답했다. 누구 하나 눈치 보는 사람 없이 편하게 말을 꺼내고 상대에게 귀를 기울이는 시간이었다. 그때 생각했다.

'그래, 현중이가 이런 분위기 속에서 성장했구나!'

오랜 시간 아이들을 대하며 느낀 것은 질문이 많은 아이가 성장의 폭도 크다는 것이다. 똑똑한 학생들이 모여있는 영재원에서도 이런 아이들은 유독 눈에 띈다. 궁금한 것에 파고드는 의욕도, 지치지 않고 공부에 매달리는 열정도 다른 아이들이 따라가질 못한다. 고등학교에 가서도, 대학을 졸업하고 사회에서 자리를 잡을 때도, 망설임 없이 자신만의 길을 개척해나간다. 이런 아이들을 상담해보면 공통점이 있다. 아무리 사소한 질문을 해도 환영받는 분위기 속에서 자란다는 것이다.

"어떻게 하면 아이를 훌륭하게 키울 수 있을까요?"

부모라면 누구나 내 아이가 행복하길 바란다. 그래서 물질적인 풍요, 정서적인 안정감, 어느 것 하나 소홀하지 않도록 애쓴다. 그런데 행복한 아이로 키울 수 있는 가장 쉬운 방법이 있다. 바로 편하게 대화할 수 있는 환경을 만들어 주는 것이다. 아이가 한마디를 하면 곧바로 잔소리를 꺼내는 부모님이 많다. 상담실 풍경도 예외는 아니라서, 내가 아이에게 건넨 질문을 부모님이 받아서 대답하는 경우도 많다. 그런데 이런 일이 반복되면 아이는 입을 닫는다. 질문을 해야 내면이 자라는데, 호기심의 씨앗이 제대로 싹을 틔우지 못하는 것이다.

영재원은 대개 일 년 단위로 움직인다. 정해진 일정이 모두 끝나고 마지막 수업을 했던 날이었다. 현중이가 내게 다가왔다. 무슨 일인가 싶어서 마주 보며 미소를 지었더니, 그 아이가 나를 꼭 끌어안으며 말했다.

"선생님, 감사합니다. 오래오래 기억할게요."

마음속에서 벅찬 느낌이 솟아올라서 나도 그 아이를 꼭 안아주었다.

무엇이 행복한 영재를 만드는가

호기심 많고, 가슴이 따스한 이 아이가 앞으로 어떤 모습으로 성장해 나갈지 몹시 궁금해졌다. 질문 많은 아이가 행복하다. 30년 동안 확인해온 변함없는 진실이다.

02

소중한 기록은
가슴에
남는다

선예를 다시 본 건 일 년 만이었다. 영재원에 다닐 때 워낙 활기차고 영특해서 눈에 띄는 아이였다. 그런데 어머니와 상담실에 들어서는 선예의 모습이 예전과 너무 달랐다. 환한 햇살 같던 얼굴에 두꺼운 먹구름이 드리워 있었다. 상담이 시작되자, 어머니가 떨리는 목소리로 말을 꺼냈다. 아이가 얼마 전에 스스로 목숨을 끊으려 했다고. 병원에서 깨어난 뒤 선예가 울면서 했다는 말이 가슴을 후벼팠다.

"날 왜 구한 거야? 숨 쉬는 것도 힘이 드는데 앞으로 어떻게 살아가라고…."

어머니가 그동안의 사정을 이야기하는 동안 조가비처럼 입을 다물고 있던 선예는 행복했던 기억이 남아있는 영재원에서 조금씩 안정을 찾기 시작했다. 그리고 마음속에 쌓아둔 이야기를 힘겹게 꺼내놓았다. 뛰어난 아이들이 모여드는 특목고 준비반에 들어갔다는 기쁨도 잠시, 상상 이상으로 어려웠던 수업 내용이 선예를 한 차례 좌절감에 빠트렸다. 유명한 학원 출신인 다른 아이들과 달리 선예는 스스로 공부해서 거기까지 온 아이였다. 시간이 가면서 마음이 점점 움츠러들었고, 친구 관계에서도 어려움을 느꼈다. 같은 학원에 다니며 몇 년 동안 친분을 쌓아온 아이들 그룹에 쉽사리 끼어들지 못했던 탓이었다.

"나날이 말수가 줄어드는데, 걱정이 이만저만 아니었어요."

공부를 마치고 밤늦게 돌아오면, 선예는 말없이 방에 들어갔다. 대화라도 나눠보고 싶었지만, 어머니는 애써 참았다. 온종일 공부에 시달린 아이를 집에서라도 편히 쉬게 해주고 싶었다. 똑똑한 선예는 가족의 자랑이었다. 그런 딸이 극단적인 선택을 했을 때 부모님은 큰 충격을 받았다. 목숨을 건진 뒤에도 안타까운 상황이 이어졌다. 내버려두라는 말만 반복하는 딸을 찢어지는 가슴으로 바라보던 어머니는 지푸라기라도 잡는 심정으로 상담실의 문을 두드렸다. 영혼이 텅 빈 듯 무표정한 아이를 바라보며, 나는 마음이 무거워졌다.

"어머님, 혹시 선예의 어린 시절 사진이 있을까요?"

"네, 앨범에 모아놓은 게 있어요."

"다음 상담 시간에 몇 장만 가지고 와 주시겠어요?"

일주일 뒤, 어머니는 커다란 쇼핑백을 가슴에 안고 있었다. 그 안을 가득 채운 앨범 사이에 작은 공책 한 권이 보였다. 겉장에 직접 손으로 쓴 '육아일기'라는 글자가 흐릿했다. 공책을 넘겨보던 어머니가 안쪽에 붙어있는 사진 한 장을 가리켰다.

"선예가 처음으로 일어선 날이에요, 어찌나 의기양양한 표정을 짓던지, 저까지 웃음이 나더라니까요. 여기 날짜가 있어요. 첫 생일에서 딱 일주일 지났네요."

몇 장을 더 넘기니 바깥에서 찍은 사진이 나왔다.

"기억나요. 선예의 첫 나들이였어요. 갑자기 비가 쏟아져서 차에 탔는데, 빗방울이 유리창에 그리는 무늬를 보고 선예가 까르르 웃음을 터트리지 뭐예요. 그러다가 스르르 잠든 모습을 보고 눈물이 핑 돌더라고요. 이렇게 사랑스러운 아기가 우리 곁에 있다는 게 너무 감사하다는 생각이 들어서요."

무엇이 행복한 영재를 만드는가

어머니가 풀어놓은 추억 보따리는 그 뒤로도 한참을 이어졌다. 선예는 별다른 표정 변화 없이 묵묵히 이야기만 들었다. 하지만 알 수 있었다. 그 아이를 둘러싼 분위기가 미세하게 바뀌고 있다는 것을.

학기가 끝나기 전, 선예가 예전의 모습을 되찾았다는 소식을 들었다. 특목고 준비도 다시 시작했다고 했다. 미처 깨닫지 못했겠지만, 육아일기를 펼친 그 날 선예의 마음에는 세 가지 말이 스며들었다.

"사랑한다."

"고맙다."

"행복하다."

영재원 아이들에게 매년 가르치는 독서법이 있다. 심리학자 로빈슨이 개발한 SQ3R이 그것이다. 책을 펼친 뒤 목차를 읽어보고(Survey), 궁금한 것을 떠올리고(Question), 답을 구하며 책을 읽고(Read), 그렇게 알게 된 것을 기억하고(Recite), 가슴에 남는 생각을 정리해 보는(Review) 방식이다. 초등학생 때 수업을 통해 이 방법을 배운 아이가 있었다. 아이는 그 후 십 년 동안 내게 이메일을 보내왔다. 그 안에는 SQ3R 독서법으로 정리한 책이 한 권씩 담겨 있었다. 나는 그 아이와 함께 시간을 쌓아갔다. 대학에 들어간 뒤에도 편지는 계속되었다. 멀리 떨어져 있으면서도 그렇게 한 사람의 성장을 꾸준히 지켜볼 수 있었다.

함께 나눈 시간은 가슴에 남고, 그 시간은 기록이 되어 다시 이어진다. 차곡차곡 쌓인 기록은 그렇게 힘이 세다.

무엇이 행복한 영재를 만드는가

03
—
스스로
선택해야
후회가 없다

　교육을 향한 부모의 열정은 시대와 장소를 막론하고 언제나 뜨겁다. 영재 상담과 진로교육을 오랜 시간 해오다 보니 해외에서 강연할 기회도 종종 생긴다. 외국에서 오래 거주한 가족의 경우, 재외국민특별전형에 관심이 크다. 타국에서 학교생활을 충실히 한 아이들은 이 전형을 통해 한국에서 명문대에 진학하기도 한다. 대부분은 오랜만의 한국 생활에 잘 적응하지만, 그렇지 못한 아이들은 생각보다 힘겨운 시간을 보내기도 한다.

　그날도 초청을 받아 외국의 강단에 섰다. 강연장을 가득 메운 부모님들의 열기가 앞쪽에 서 있는 나한테까지 느껴질 정도였다. 열정적인 분위기 속에서 특강이 잘 마무리되고, 학부모 몇 분이 강연장에 남아서 궁금한 것들을 내게 물었다. 하나하나 대답하고 있는데, 조금 떨어진 곳에 불안한 표정으로 서 계신 어머니 한 분이 계셨다. 나를 둘러싸고 있던 분들이 모두 돌아간 뒤, 나는 천천히 그분에게 다가갔다.

"혹시 도움 드릴 일이 있을까요?"
"네…, 제가…, 여쭤보고 싶은 게 있어서…."
"편하게 말씀하세요."

내 말이 채 끝나기도 전에 어머니의 눈에서 눈물이 후두둑 떨어졌다. 나는 가만히 기다렸다. 한참 뒤 감정을 추스른 어머니가 가슴속에 꾹꾹 눌러 담고 있던 사연을 털어놓았다.

"남편이 해외 지사로 발령을 받아서 온 가족이 함께 이곳으로 왔어요. 그때 진수가 여섯 살이었는데 국제학교 입학이 가능했어요. 유치원에서 허송세월하느니 학교에 가는 게 낫겠다 싶었지요. 아이는 잘 적응했어요. 똑똑하다고 칭찬도 자주 들었고요. 학년이 올라가면서 공부를 버거워할 때도 있었지만 잘 이겨냈어요. 제가 딱 붙들고 단속을 했거든요. 중고등 과정 내내 일등을 놓친 적이 없어서 주변에서 엄청 부러워했어요. 엄마가 대단하다는 말도 자주 들었죠. 대학을 선택할 때 잠깐 트러블이 있었어요. 진수는 이곳 대학에 가고 싶어 했고,

저는 한국 대학을 원했거든요. 그 대학에 합격하던 날, 축하 전화가 쏟아졌어요. 다들 저한테 성공한 인생이라고 말했죠. 기숙사 방에 짐을 넣어주면서 아이한테 말했어요. 엄마 아빠 얼굴에 먹칠하면 안 된다고요. 그 말이 효과가 있었는지, 대학에 가서도 공부를 잘했어요. 그런데…, 올해 초부터…, 아이가 갑자기 달라졌어요. 수업에도 들어가지 않고, 아무것도 하기 싫다는 말만 반복하는 거예요….”

“그 전에 혹시 무슨 말이 없었나요?”

“작년에 그랬어요. 휴학하면 안 되겠느냐고. 제가 호통을 쳤지요. 이제 곧 졸업인데 무슨 소리를 하는 거냐고요. 지난달에 진수를 보러 갔는데, 아예 방에 틀어박혀서 바깥에 나오질 않아요. 아무리 설득해도 소용이 없어요. 착하고 공부 잘하던 아이가 대체 왜 그러는 걸까요? 무슨 방법이 없을까요?”

울먹이는 어머니를 보며, 같은 일을 겪었던 아이들이 떠올랐다. 이 아이들이 처한 환경은 다들 비슷하다. 적극적인 부모님, 순종적인 아이들. 아이의 미래를 대신 결정하기 좋아하는 적극적인 부모님이 혼나는 걸 싫어하는 순종적인 아이와 만나면 종종 이런 결과를 맞이하게 된다. 아이들은 문득 깨닫는다. 지금껏 자신이 원하는 삶을 살아본 적이 없다는 사실을. 부모님이 바라는 목표를 이뤘는데, 마음이 텅 비어버리는 것이다.

미국의 심리학자 바움린드는 아이를 대하는 부모의 태도를 애정과 통제의 관점에서 네 가지로 나눠서 설명했다.

첫 번째는 민주적인 태도다. 이런 태도를 지닌 부모는 아이와 대화를 많이 나눈다. 아이는 스스로 자신의 삶을 결정하고, 필요한 경우에는 부모에게 조언을 구한다. 부모는 아이의 뜻을 최대한 존중하지만, 그렇다고 마냥 칭찬만 하지는 않는다. 응원할 땐 확실하게 응원하고, 잘못할 땐 제대로 야단을 친다. 치우치지 않는 이런 태도는 정서적인 안정감의 토대가 된다.

두 번째는 허용적인 태도다. 이런 태도를 지닌 부모는 아이들이 무엇을 원하든 대부분 들어주는 경우가 많다. 믿기 때문에 그러는 것이라고 말은 하지만, 부모의 따스한 마음만으로는 아이가 올바르게 자라지 못한다. 남들에게 피해를 줄 때는 따끔하게 훈육을 해야 한다. 그렇게 하지 않고 내버려 두면 배려가 부족한 아이로 자라기 쉽다.

세 번째는 독재적인 태도다. 이런 태도를 지닌 부모는 아이를 통제하는 경향을 보인다. 잘못된 것을 자주 지적하고, 어떤 결정이든 부모의 뜻에 따르기를 원한다. 부모는 모두 내 아이가 잘 되기를 바란다. 하지만 의견을 무시당한 채 부모의 뜻대로만 움직이면 아이는 반드시지치게 된다. 통제적인 부모는 사랑을 표현하는 데 서툰 경우가 많다.

마지막은 방임하는 태도다. 이런 태도를 지닌 부모는 아이가 하는 일에 관심을 두지 않는다. 질문을 해도 네가 알아서 하라는 대답만 반복한다. 자꾸 그런 일을 겪다 보면 아이는 마음에 깊은 상처를 입는

무엇이 행복한 영재를 만드는가

다. 자신은 사랑받을 자격이 없다고 생각하고, 자존감도 낮아진다. 불만이 커지면서 반항적인 아이가 되기도 한다.

흐느낌이 가라앉을 무렵, 진수 어머니에게 조용히 물었다.

"아이의 꿈이 무엇인지 물어보신 적이 있나요?"

어머니는 당황해하며 고개를 저었다. 나는 말했다. 생각보다 시간이 오래 걸릴 거라고. 진수처럼 마음이 텅 비어버린 아이는 새롭게 채울 무언가를 스스로 찾을 때까지 좀처럼 의욕을 되살리지 못한다. 때로는 몇 년이 걸리기도 한다. 만약 진수가 예전에 한 번이라도 부모님을 실망시킨 적이 있었더라면, 지금쯤 자신의 길을 걷고 있을지도 모른다. 여섯 살 어린 나이에 들어간 학교에서 칭찬받지 못했더라면…, 중고등 과정에서 일등을 놓쳤더라면…, 명문대에 들어가지 못했더라면…, 대학에서 성적이 나빴더라면…. 부모님의 기대는 한풀 꺾였을 것이고, 진수는 좀 더 자유로웠을 것이다. 강의실을 떠나기 전, 어머니가 조그만 목소리로 내게 말했다.

"진수와 이야기를 나눠봐야겠어요…."

나는 가만히 고개를 끄덕였다. 아이의 삶을 대신 살 수 있는 부모는 없다. 어떤 결과를 얻든 스스로 선택해야 후회가 없는 법이다. 그래야 배우고 성장하며 크게 자랄 수 있다.

어떤 꿈이든
다
소중하다

"없어요."

나중에 어떤 사람이 되고 싶냐고 물으면, 영재원의 많은 아이가 요즘 이렇게 대답한다. 수업 중이든, 상담 중이든 다 비슷하다. 반짝반짝 빛나는 눈동자를 보면 머릿속에 꿈과 희망이 가득할 것 같은데, 유독 장래희망에 관한 질문만은 다들 고개를 갸웃거린다. 관심을 두고 좀 더 자세히 물어보면, 대개 세 가지 정도의 대답이 돌아온다. 프로그래머, 방송인, 그리고 의사다. 안타까운 건 이런 직업을 갖고 싶다는 이유가 한결같다는 것이다. 인기가 많아서, 돈을 많이 버니까, 그게 전부다.

영재원 신입생을 처음 맞는 자리에서 '내 아이가 맞습니다' 프로그램을 진행한 적이 있다. 아이들을 따로 교실에 모아놓고 종이를 나눠준 뒤 다음 질문에 관한 답을 적어보도록 했다.

"평소에 부모님이 가장 중요하게 여기는 세 가지는 무엇인가요?"

부모님의 가치관을 묻는 질문이었다. 그걸 다 적은 뒤에는 뒷장에 다른 질문에 관한 대답을 쓰도록 했다. 아이들의 가치관을 알고 싶어서였다.

"여러분이 중요하게 여기는 세 가지는 무엇인가요?"

대답이 적힌 종이를 모두 걷은 뒤 아이들을 인솔해 대강당으로 갔다. 부모님은 모두 거기에 모여 계셨다. 늘어선 의자에 아이들을 앉힌 뒤 강단 위로 올라가니 모두의 눈길이 내게 쏠렸다. 대체 어떤 프로그램을 진행하려나 궁금해하는 눈치였다. 나는 종이 한 장을 들고 그 안에 쓰여있는 글씨를 읽었다.

"건강, 독서, 약속."

그게 무슨 말인가 싶어 부모님들은 다들 어리둥절해 했다. 내가 곧

장 설명을 덧붙였다.

"아이들에게 부모님이 가장 중요하게 생각하는 세 가지를 적어보게 했습니다. 지금 읽어드린 것이 내 아이가 쓴 게 맞다고 생각하면 앞으로 나와주세요."

의외로 많은 부모님이 단상 위로 올라왔다. 정답을 맞힌 부모님은 아이가 쓴 종이를 상으로 받았다. 다음 종이를 읽을 때도, 그다음 종이를 읽을 때도 부모님들이 앞다투어 나왔다. 요즘 부모님들의 가치관이 크게 다르지 않나보다 싶었다. 다시 한 장을 뽑아서 읽기 시작했다.

"우리 부모님이 중요하게 여기는 세 가지는, '첫 번째-돈', '두 번째-많은 돈', '세 번째-더 많은 돈'입니다."

대강당이 조용해졌다. 떠들썩하게 나서던 부모님들이 이번엔 말없이 땅만 보고 있었다. 나는 종이를 들여다보았다. 구석에 아주 작은 글씨로 한 가지가 더 쓰여 있었다.

'백 번째-나.'

그 글을 읽는 순간 가슴이 아팠다. 아이는 느끼고 있었다. 부모님에게 자신은 아주 하찮은 존재라고 말이다. 좀 더 기다렸지만, 그 가치관의 주인공이 자신이라고 나서는 부모님은 없었다. 종이 뒷장에는 아이가 중요하게 생각하는 세 가지가 적혀있었다. '사랑, 믿음, 책임'.

"꿈이 없어요….."

부모님과 함께 상담실을 찾은 아이가 이렇게 대답할 때면 나는 꼭 양해를 구한다.

"어머님, 바깥쪽 대기실에서 몇 분만 기다려주시겠어요? 아이에게 따로 물어볼 게 있어서요."

아이 혼자 상담실에 남게 되면 나는 다시 묻는다.

"혹시 꿈이 있다면 나한테만 살짝 말해줄래? 어떤 꿈이라도 괜찮으니."

그러면 아이는 조심스레 속마음을 내보이기 시작한다. 사실은 해보고 싶은 게 있다고 말이다. 아이가 자신의 꿈을 숨기는 건 다른 이유가 아니다. 부모님이 그 꿈을 무시하거나, 스스로 부끄럽게 여기기 때

무엇이 행복한 영재를 만드는가

문이다. 아이가 장래희망에 대해 말할 때 어른들이 절대 해서는 안 되는 말이 있다.

"그런 건 꿈이 아니야."
"어휴, 너한테는 안 어울린다."
"겨우 그걸 꿈이라고 꾸니?"

이렇게 마음이 짓밟히면 아이는 더 이상 꿈에 관해 이야기하지 않는다. 그러면서 속으로 생각한다.

'앞으론 장래희망이 없다고 하자. 말해봤자 창피한 일만 생길 거야.'

아이들의 꿈은 환경의 영향을 받는다. 듣고, 보고, 경험하는 모든 것이 미래를 꿈꾸는 재료가 된다. 아이들이 자신만의 꿈을 키워나가게 해주려면 작은 꿈도 소중하게 여겨줘야 한다. 생각이 자라고 경험이 늘면 막연하던 꿈이 점점 또렷해진다. 그러다가 꿈이 바뀌기도 한다. 매우 자연스러운 현상이다.

부모는 아이가 경험하는 가장 큰 세상이다. 부모가 중요하게 여기는 것은 아이도 중요하게 여긴다. 아이가 어떤 꿈을 이야기하든 마음의 문을 열고 들어주도록 하자. 그것이 아이를 큰 사람으로 키우는 비결이다.

05

부족함은
삶의
선물이다

박물관에 갈 거라는 이야기에 아이들이 환호성을 질러댔다. 막상 가는 날은 며칠이나 남았는데, 벌써부터 들떠서 이것저것 물어보기 바쁘다.

"진짜 공룡 뼈도 볼 수 있어요?"

"익룡 알도 보고 싶어요."

"쥐라기 식물 화석도 전시되어 있을까요?"

"티라노사우루스의 이빨은 엄청 날카롭겠죠?"

시끌벅적하게 떠들어대는 아이들 사이로 말없이 앉아 있는 민우가 보였다. 가만히 다가가니 구겨진 표정으로 아이가 말했다.

"저는 못 갈 것 같아요."

"어디 아픈 곳이 있니?"

"그런 건 아닌데…, 많이 걸으면 숨이 차서 힘들어요."

민우는 한쪽 다리가 불편하다. 앉아서 수업을 받을 때는 괜찮은데, 서서 걸어 다닐 땐 절뚝거리며 이동해야 한다. 그런 자신의 모습이 부끄러운지, 민우는 남들 앞에서 걷지 않으려고 했다. 쉬는 시간에도 좀처럼 일어나지 않고 따로 떨어져 홀로 앉아 있는 경우가 많았다. 한번은 강의실 앞을 지나가는데 아이들이 다투는 소리가 들렸다.

"건드리지 말랬잖아!"

"그냥 같이 놀자고 그런 거잖아."

"누가 너네같이 시시한 애들이랑 논대?"

"민우 너, 말이 좀 심한 거 아니야?"

"내가 뭘 어쨌다고?"

한바탕 주먹다짐이라도 할 것 같은 분위기라 얼른 아이들을 떼어놓았다. 민우가 평소에 화를 자주 내는 건 알고 있었다. 그런데 말까지 거치니 영재원 친구들과 사이좋게 지내기가 쉽지 않겠다는 생각이 들었다. 마침 며칠 뒤에 개별 상담을 할 기회가 생겼다. 차분하게 대화를 나누다 보니 민우의 어린 시절 이야기를 들을 수 있었다.

"어릴 때부터 몸이 약했어요. 다리가 불편하니까 체육 시간에 제대로 참여해본 적이 없어요. 운동장 한구석에 앉아서 아이들이 뛰노는 모습을 지켜보는 게 전부였어요."

그런 날이 길어지면서 자연스레 혼자 있는 시간이 많아졌다. 가끔 말을 붙이는 아이들에게 자신도 모르게 거친 말이 튀어나온다며 민우는 고개를 숙였다.

"그러면 안 되는 줄 알면서도 자꾸 화가 나요. 담임선생님이 제 이야기를 하셨나 봐요. 엄마가 저한테 학교에서 뾰족하게 굴지 말라고 했어요. 아빠는 속 좁게 행동하면 안 된다고 하고요. 제 마음도 모르고 야단만 치는 부모님이 미워요."

마음껏 뛰어놀지 못하는 속상함이 민우의 마음에 벽을 세운 것 같아 안타까운 생각이 들었다. 아이가 하는 말을 귀담아 들어주다가 슬며시 물었다.

"혹시 시어도어 루스벨트라는 사람을 알고 있니?"

고개를 젓는 아이에게 미국의 26대 대통령이었던 그의 이야기를 들려주었다. 시어도어 루스벨트는 부유한 가문에서 태어났지만, 어릴 때 몸이 약해서 항상 병원 신세를 져야 했다. 천식을 심하게 앓아서 생일 케이크에 꽂힌 초를 불지 못할 정도였다. 그랬던 그가 달라진 건 아버지의 조언 덕분이었다.

"테디(시어도어의 애칭), 넌 정신이 건강한 아이란다. 곧 몸도 건강해질 수 있을 거야."

열두 살 무렵부터 그는 매일매일 조금씩 운동을 했고, 어른이 되었을 땐 제법 건강한 몸을 가질 수 있었다. 덕분에 그는 대학을 무사히 졸업했고 정치인의 길도 걸을 수 있었다. 시어도어 루스벨트의 이야기가 인상적이었는지, 민우는 그 뒤로 종종 상담실에 찾아왔다. 나는 그럴 때마다 아이를 반갑게 맞아주었다. 우리는 이런저런 이야기를 많이 나누었다. 학교 이야기, 가족 이야기, 친구 이야기, 책 이야기…. 민우가 듣고 싶어 하는 눈치라 알고 있던 위인 이야기도 여럿 해주었다. 할머니와 단둘이 지내면서 외로운 어린 시절을 보냈던 아이작 뉴턴의 이야기, 시력을 거의 잃었지만 훌륭한 교사가 된 앤 설리번의 이야기 …. 민우는 조금씩 밝아졌고 자신이 잘 할 수 있는 것을 찾기 시작했다. 몇 달 뒤, 쉬는 시간에 왁자지껄한 아이들의 목소리 사이로 이런 말이 들려왔다.

"민우야, 너 바둑 정말 잘 둔다!"

작은 바둑판을 앞에 두고 친구들에게 둘러싸인 민우의 모습이 보였다. 활짝 웃는 모습이 햇살 같았다. 문득 상담실에서 민우와 나누었던 이야기가 떠올랐다.

"매티 스테파넥이라는 아이가 있었단다. 태어나면서부터 아주 희귀한 병을 앓았지. 근육이 점점 굳어져서 결국 목숨을 잃는 병이었어. 열세 살 무렵에 그 아이가 오프라 윈프리 쇼라는 TV 프로그램에 출연했어. 지금의 상황이 힘들지 않으냐는 질문에 매티 스테파넥은 이런 대답을 했어."

"뭐라고 했는데요?"

"처음엔 모든 게 원망스러웠다고. 왜 자신에게 그런 일이 생겼을까 고민도 많이 했대. 그런데 문득 이런 생각이 들더래. 병에 걸린 덕분에 근육의 소중함을 알게 된 게 아닐까 하고. 생각해 보니, 자신이 엄청난 걸 갖고 있더라는 거야. 세상을 볼 수 있는 눈, 가족의 목소리를 들을 수 있는 귀, 자유롭게 말할 수 있는 입, 이 모든 걸 말이야."

그날 상담실 문을 나서는 민우의 조그만 얼굴에 깊은 생각이 어려 있던 기억이 난다. 그날 이후, 민우는 조금씩 달라지기 시작했다. 자신에게 주어진 삶을 다른 각도에서 보기 시작한 것이다. 때로는 부족함이 감사의 문을 여는 열쇠가 된다. 다르게 바라보는 것만으로 삶은 한층 아름다워진다. 그것이 인생이 우리에게 주는 진정한 선물이다.

CHAPTER 2

—

기다림이
행복한
영재를
만든다

06

때론
취미가
해답이 된다

상담실 안에 무거운 공기가 흐른다. 숨이 막힐 지경이다.

"종호가 학교에 안 가겠대요. 말려도 소용이 없어요."

"그게 왜 내 잘못이에요? 한 번이라도 내 말을 제대로 들어준 적 있어요?"

"이거 보세요. 대체 왜 이러는지 모르겠어요. 공부도 그렇게 잘하던 애가…."

아이는 아이대로 억울한 마음에 얼굴이 붉게 달아오르고, 어머니는 어머니대로 속상한 심정에 엉엉 소리 내어 울기 시작한다. 아이와 이

무엇이 행복한 영재를 만드는가

렇게 갈등의 골이 길어지면 체면이고 뭐고 소용이 없다. 두 사람의 날선 대화를 듣고 있다가, 조용히 말했다.

"어머님, 잠시만 양해해 주시겠어요? 따로 이야기를 나누어야 할 것 같아요."

어머니가 대기실로 이동한 뒤, 나는 종호와 둘만의 시간을 가졌다. 나를 가만히 쳐다보던 아이는 속마음을 내보이기 시작했다. 내가 자신의 편이 되어줄 거라는 생각이 든 것 같았다.

"여태껏 부모님이 하라고 해서 공부에 매달린 거예요. 그런데 이젠 지쳤어요. 문제집은 쳐다보기도 싫고, 학교도 지긋지긋해요."
"지금 당장 하고 싶은 건 뭐니?"
"그냥 잠만 자고 싶어요. 아무 방해도 받지 않고 온종일 침대에 누워 있으면 소원이 없겠어요."

힘없이 말하는 아이를 보며 그동안 얼마나 부담이 심했을지 쉽게 짐작이 갔다. 어두운 표정으로 앉아 있는 종호에게 한 번 더 물었다.

"그렇게 푹 자고 일어난 뒤에는 무엇을 하고 싶니?"
"축구요!"

대번에 얼굴이 밝아지는 얼굴을 보며, 나는 생각했다. 아무래도 이 대답이 종호의 마음을 움직일 열쇠가 되겠다고.

"이렇게 하면 어떨까? 축구에 관한 기사를 검색해 보는 거야. 종호가 영어를 곧잘 하니까 해외 칼럼도 좋을 것 같고. 하나씩 번역해서 나한테 보내줄래? 가끔이라도 좋아."

아이는 고개를 끄덕였다. 어머니를 들어오시게 한 뒤 둘이 나눈 약속을 들려드렸다. 그러고는 한 가지 부탁을 했다. 종호가 축구를 하고 싶어 할 때 허락해주셨으면 좋겠다고 말이다.

"알겠습니다…."

한참 동안 설득한 끝에 어머니의 승낙을 얻어낼 수 있었다. 공부만 해도 모자랄 시간에 바깥에서 뛰어노는 게 영 마뜩잖았지만, 학교에는 보내야 하니 동의한 것이었다. 하루가 채 지나지 않아 종호는 번역한 칼럼을 내게 보내왔다. 축구가 그렇게도 좋은지, 거의 매일 이메일이 도착했다. 가끔 보내도 괜찮다고 했는데도, 축구 칼럼 번역에 신이 나는 모양이었다. 두 달쯤 지났을 때, 종호가 상담실로 찾아왔다. 밖에서 제법 뛰어놀았는지 건강하게 그을린 얼굴이 보기 좋았다.

"하고 싶은 게 생겼어요!"

종호가 환한 얼굴로 말했다. 축구를 실컷 해보고 해외 칼럼도 번역하면서 막연하지만 이쪽 일을 해보고 싶다는 생각이 들었다고 했다.

"영국에 있는 대학 가운데 스포츠 마케팅으로 유명한 곳이 있어요. 열심히 공부해서 꼭 유학을 갈 거예요. 그래서 우리나라 축구를 세계에 알릴 거예요."

종호는 그 뒤로 학교생활에 재미를 붙였다. 시간을 아껴가며 공부도 열심히 했다. 나중에는 쉬면서 하라고 부모님이 아이를 말릴 정도였다. 영재원에서 마주친 종호의 모습에서 저절로 행복이 묻어났다. 그렇게 한 아이가 자신의 자리를 찾은 뒤, 또 다른 아이가 나를 찾아왔다.

희은이가 부모님과 상담실에 온 건 벚꽃이 한창인 계절이었다. 완고해 보이는 아버지와 얌전한 인상의 어머니, 그리고 조금은 풀죽은 표정의 희은이가 내 앞에 나란히 자리를 잡았다. 아버지가 답답해하며 입을 열었다.

"우리 두 사람처럼 희은이도 의사가 되었으면 좋겠습니다. 아이가 똑똑하니 이대로 한눈팔지 않고 꾸준히 하면 안정적으로 의대에 들어갈 수 있을 거예요. 다른 건 하나도 걱정하지 말고 공부만 열심히 하라는데, 대체 뭐가 힘든 건지 모르겠습니다. 부모가 이 정도로 지원을 해주면 아이도 의욕을 보여야 하는 거 아닌가요?"

움츠러드는 아이를 보며, 따로 말을 나눠보는 게 좋겠다 싶었다. 부모님을 대기실로 모신 뒤 홀로 남은 희은이에게 물었다.

"아버님의 생각이 확고하시구나. 공부하는 게 쉽지 않지?"
"저는…, 공부가 싫어요. 재미도 없고, 왜 해야 하는지 이유도 잘 모르겠어요…."
"혹시 지난 일 년 동안 정말 원했는데 하지 못했던 일이 있었니?"
"향수를…, 만들고 싶어요."

대답하는 희은이의 말투에서 간절함이 묻어났다. 얼마나 마음 깊이 품고 있던 말인지 대번에 알 수 있었다. 이번에도 부모님을 설득하는 게 쉽지 않았다. 그런 일이 공부에 무슨 도움이 되겠냐며 마음을 열지 않는 아버지와 긴 이야기를 나눴다. 희은이는 집 근처 문화센터에서 일주일에 한 번씩 향수 만들기 수업을 받게 되었다.

"제가…, 만든 거예요."

몇 주일 뒤, 희은이가 상담실에 찾아와 작은 유리병 하나를 내밀었다. 따스한 향이 피어나는 향수가 그 안에서 넘실대고 있었다. 맑은 향수의 색깔만큼 희은이의 얼굴도 맑았다. 부모님도 희은이가 만든 향수를 신기해하셨다고 했다.

"나중에 대학에 가서 화학을 전공하고 싶어요. 향기만 좋은 향수보다는 한 사람 한 사람에게 의미 있는 향을 찾고 싶어요."

상담실 문을 나서는 희은이의 뒷모습이 대견해 보였다. 몇 년 흐른 후, 희은이의 소식을 들었다. 대학에 가서 정말 화학을 전공하고 있다고 했다. 좋아하는 공부를 행복하게 하는 희은이의 모습이 눈앞에 선명하게 떠올랐다.

어느 부모나 내 아이의 행복을 간절히 바란다. 그런데 부모의 시각으로 아이를 바라보면 자칫 시야가 좁아질 수 있다. 그동안 살아온 인생이 판단의 기준이 되기 때문이다. 내가 걸어온 길을 아이에게 권하는 것이 안전한 선택이 될 수 있지만, 꼭 기억해야 할 것이 있다. 삶에 정해진 답은 없다는 사실이다. 아이가 몰두하는 일이 때론 하찮게 보일 수도 있다. 그런 게 공부에 무슨 도움이 되겠냐며 말리는 경우도 많다. 하지만 아이들은 진짜 원하는 걸 할 때 마음이 편안해진다. 그게 열심히 살아가는 힘이 되어주곤 한다.

누구나 살면서 크든 작든 어려움을 겪는다. 시련을 이겨내고 앞으로 나아가려면 마음이 건강해야 한다. 편안한 마음으로 자신이 원하는 것에 집중할 수 있을 때 건강한 마음을 키워갈 수 있다. 아이가 하는 말에 귀를 기울이고, 좋아하는 일을 응원해 주는 것, 내 아이를 행복한 영재로 키우는 비결이다.

작은 기쁨이
모여
큰 결과를
만든다

반짝이는 아이들의 눈이 나를 향하고 있었다. 이제 곧 고등학생이 될 모습이 다들 의젓했다. 일주일에 한 번, 5년 동안 이어온 수업이 오늘 마지막이라는 게 실감이 나질 않았다. 아이들을 처음 만났던 그 날이 떠올랐다.

"부탁드립니다. 이 아이들을 어떻게 도와야 할지 도저히 모르겠습니다. 한 달에 한 번만이라도 좋습니다. 부디 아이들을 가르쳐주세요."

부모님들의 간절한 요청에 일단 수업을 시작해보기로 했다. 아이들과 이야기를 나눠보니 천진한 모습이 귀여웠다. 지능이 높고 학업 성적이 좋은 걸 빼면 또래들과 별반 다르지 않았다. 다음 주를 기약하며 아이들을 돌려보냈다. 멀리서 찾아온 정성을 뿌리칠 수 없어서 일단 승낙은 했지만, 무거운 마음은 어쩔 수 없었다. 무엇부터 시작해야 할지 막막했다. 일단 아이들의 생각을 키워 주기로 마음을 먹었다.

일주일이 훌쩍 흘렀다. 기대하는 눈빛으로 눈앞에 앉아 있는 아이들을 보며 책임감에 가슴이 묵직해졌다. 우리에게 주어진 시간은 일주일에 두 시간. 일단 한 시간은 그 주의 뉴스를 골라 설명을 해주기로 했다.

"얼마 전에 이 지역에서 전쟁이 터진 건 광산 채굴권 때문이야. 예전부터 이곳은 다이아몬드가 많이 나오기로 유명했거든. 다이아몬드 광산을 차지하기 위해 여러 세력이 싸우다가 한 세력이 승리해서 마침내 평화를 찾을 수 있었어. 국민 투표를 해서 새로운 대통령도 뽑았지. 그런데 욕심을 버리지 못한 다른 세력이 이웃 나라의 군대를 빌려서 대통령을 공격한 거야. 다행히 목숨은 건졌지만, 대통령은 나라를 다스릴 힘을 잃었지. 정부가 맡아서 관리하던 광산도 다시 주인을 잃었고, 그곳을 차지하기 위해 또다시 전쟁이 벌어진 거야."

사건을 자세히 알려주는 동시에 역사적, 사회적, 경제적, 문화적으로 어떤 의미가 있는지 아이들의 눈높이에 맞춰서 쉽게 설명을 해주

무엇이 행복한 영재를 만드는가

었다. 세상은 아는 만큼 보인다는 진리를 전하고 싶었기 때문이었다.

남은 한 시간 동안은 책 이야기를 해주었다. 첫 번째 책은 『어린 왕자』였다. 처음엔 문장을 그대로 읽어주고, 두 번째부터는 글에 담긴 의미를 설명했다. 생텍쥐페리가 어린 왕자 이야기를 썼던 시대적 배경부터, 문장이 품고 있는 다양한 해석까지 샅샅이 분석해 나갔다. 『어린 왕자』 한 권을 모두 살피는 데 일 년이 걸렸다. 그만큼 많은 이야기를 나눴고, 다양한 시각을 전할 수 있었다.

"그다음은 무슨 책으로 수업해요?"
"또 어떤 이야기를 듣게 될지 너무 궁금해요."

아이들의 초롱초롱한 눈동자를 떠올리며 일주일 내내 자료를 뒤적였다. 단 두 시간의 수업을 위해 열 배가 넘는 준비가 필요했다. 언제까지 하겠다며 약속하고 시작한 수업이 아니라서 당장 다음 주에 끝이 나도 이상할 게 없었다. 하지만 함께하는 시간만큼은 후회를 두지 않기 위해 나는 매번 최선을 다했다.

"다음 주에는 이 사건을 토론해보고 싶어요."
"이다음엔 이 책으로 수업해보면 어떨까요?"
"일주일 내내 수업이 기다려져요."
"자유롭게 질문할 수 있어서 참 좋아요."

수업에 대한 아이들의 욕심이 커지는 만큼 내 의욕도 덩달아 커졌다. 좀 더 다양한 주제를 다뤄보고 싶었다. 과학과 예술, 철학과 종교, 삶과 죽음에 이르기까지 나누는 이야기에 한계를 두지 않았다. 시간이 가면서 자연스레 활발한 토론이 이루어졌다. 아이들의 생각이 그만큼 자랐다는 신호였다. 내가 제시한 원칙은 단 한 가지였다.

"다른 사람의 생각을 존중한다."

수업시간에 어떤 말이든 자유롭게 하고, 동시에 상대가 하는 말을 귀담아들어야 한다고 나는 강조했다. 누구의 말도 틀리지 않으며, 누구의 생각도 비판받지 않는다는 원칙을 아이들도 점점 이해해 나갔다. 수업시간에 다루는 책의 종류도 다양해졌다. 플라톤의 『국가론』, 존 스튜어트 밀의 『자유론』, 찰스 다윈의 『종의 기원』까지.

아이들과 함께하는 시간이 쌓이면서 부모교육에 대한 필요성도 느껴졌다. 선생님과 부모님이 같은 목소리를 낼 때 교육이 비로소 자리를 잡을 수 있기 때문이었다. 상담을 통해 아이들에 대한 고민을 나누고, 교육에 관한 생각을 공유했다. 수업 내용을 부모교육 시간에도 다루어 가정에서 계속 이야기가 이어질 수 있도록 했다. 수업을 준비하면서 항상 생각했다.

'이번 주가 마지막일 수도 있어.'

우리가 사는 사회가 어떻게 돌아가는지, 책 한 권을 읽더라도 자신만의 생각을 어떻게 만드는지 알려줄 방법을 고민하고 또 고민했다. 그렇게 한 주 한 주 이어진 시간이 어느새 5년이 되었다. 처음에 만날 땐 초등학생이었던 아이들이 전국단위 자사고와 특목고에 들어가면서 마침내 마지막 수업을 맞았다. 아이들은 입을 모아 말했다. 이 세상에서 우리가 가장 행복한 사춘기를 보냈을 거라고. 그렇게 아이들과 의미 있는 이별을 했다. 시간은 흘렀고, 아이들은 차곡차곡 자신만의 경험을 채워갔다. 얼마 전, 한 통의 편지를 받았다. 이제는 성인이 되어 교사의 길을 걷게 된 한 아이가 내게 보낸 것이었다.

"사부님, 지난 주말에 난생처음 스승의 날 선물을 받았습니다. 얼떨떨하면서도 정말 기뻤습니다. 사부님도 그런 마음이었겠지요? 늘 따뜻한 모습으로 우리를 대하시던 모습이 떠오릅니다. 한 사람 한 사람을 인격적인 존재로 여겨주시고, 아낌없는 사랑을 쏟아주셨지요. 저도 사부님처럼 멋진 어른이 될 수 있겠지요? 앞으로 쭉 노력하려고요."

처음부터 큰 것을 해낼 생각은 없었다. 그저 아는 만큼 보이는 세상의 이치를 아이들과 나누고 싶었을 뿐이다. 자유롭게 이야기가 오가는 동안 아이들의 생각도 덩달아 커져갔다. 작은 기쁨이 모이면 어느 새 큰 결과로 돌아온다는 것을 깨닫는 순간이었다.

무엇이 행복한 영재를 만드는가

08

—

느려도
기다려주면
아이는
발전한다

영재원에서 십 년 넘게 인기리에 진행해온 수업이 있다. 바로 동화 쓰기 수업이다. 일단 수업 앞머리에 동화의 특성, 집필 방법, 평가 요소, 패러디 기법 등 기본적인 사항을 알기 쉽게 설명해 준다. 그런 다음 아이들이 직접 동화를 써보게 하는데, 주제 정하기, 소재 정하기, 사용할 기법 정하기 순으로 차근차근 단계를 진행해 간다. 줄거리까지 작성한 뒤에는 발표하는 시간을 갖는다. 그런데 아이들이 던지는 질문이 제법 날카롭다.

"어린이를 위한 동화인데, 주인공이 꼭 죽어야 할까요?"
"줄거리가 너무 평탄합니다. 주인공이 위기에 빠지는 과정이 필요할 것 같아요. 작가님은 어떻게 생각하시나요?"

"호랑이 대신 토끼 같은 초식동물을 친구로 삼는 건 어떨까요?"

"주제가 도통 와닿질 않습니다. 대체 어떤 교훈을 주고 싶으신가요?"

삼십 분으로 예정된 시간이 결국 두 시간 가까이 이어진다. 그것도 수업시간에 제한이 있어서 어쩔 수 없이 마무리를 짓는 것이다. 줄거리를 발표한 친구에게 앞다투어 질문하는 모습을 보며, 흥미로운 사실을 발견하곤 한다. 매번 수업을 진행할 때마다 똑같이 펼쳐지는 상황을 적어본다.

첫째, 질문하는 내용이 자신의 작품과 언제나 일치하지는 않는다. 오히려 반대인 경우가 많다. "주제가 너무 흐릿한 것 같은데요, 좀 더 뚜렷해야 하지 않을까요?" 이렇게 질문해 놓고 정작 자신이 쓴 줄거리는 어수선하다거나, "갈등 요소가 부족합니다. 요렇게 해 보면 어떨까요?" 구체적인 대안까지 제시하는 아이가 막상 자신의 줄거리는 재미가 없다. 신기한 건, 시간이 가면서 그 차이가 줄어든다는 것이다. 다른 사람의 줄거리를 분석하는 동안 자신의 줄거리를 돌아보게 되는 모양이다. 그래서일까? 완성된 동화를 보면 확실히 수준이 올라가 있다.

둘째, 영양가 있는 질문이 처음부터 쏟아지지는 않는다. 첫 발표자가 줄거리를 읽고 나면 오히려 교실은 조용해진다. 궁금한 게 있느냐고 물어봐도 누구 하나 쉽사리 입을 열지 않는다. 그러다가 엉뚱한 질문이 나와서 분위기를 망치기도 한다. 그럴 때면 사용하는 방법이 있다. 줄거리를 재미있게 써놓은 아이를 미리 점찍어 놓았다가 슬쩍 말을 거는 것이다. "수현아, 너라면 이 사건을 어떻게 해결할 것 같니?" 내가 직접 질문을 던지기도 한다. "줄거리를 잘 썼구나. 등장인물이 좀 더 늘어나면 어떨까? 너희들 생각은 어떠니?" 이렇게 마중물을 부어놓으면 금세 분위기가 바뀐다. 아이들의 질문이 하나둘 시작되고, 교실은 어느새 치열한 토론의 장이 된다.

셋째, 일부러 손대지 않아도 모든 과정이 자연스럽게 흘러간다. 친구들의 질문에 대답하면서 아이들은 스스로 문제점을 파악한다. "이 부분은 좀 더 파고들어 보겠습니다.""질문하신 분의 이야기가 맞는 것 같아요. 참고하겠습니다.""생각지 못했던 부분인데, 그렇게 하면 정말 재미있겠네요.""여기는 꼭 살리고 싶으니 열심히 고민하겠습니다." 굳이 숙제를 내주지 않아도 다음 시간이면 다들 고친 줄거리를 들고 온다. 그러고는 기대에 찬 표정으로 발표할 기회를 기다린다. 아이들이 이렇게 동화 쓰기에 몰입하는 까닭이 궁금했던 나는 상담 시간에 이유를 물어보았다.

"제가 직접 동화를 쓴다는 게 너무 신기했어요."

"안될 줄 알았는데, 완성을 해냈다는 게 뿌듯했어요."

"친구들과 생각을 나누는 시간이 좋았어요."

"정말 푹 빠져서 썼어요. 고개를 들고 보니 한밤중이었어요."

자신의 힘으로 무언가를 해냈다는 기쁨이 마음속에서 반짝반짝 빛을 내고 있었다. 맞다. 아이들은 스스로 성장한다. 긴 시간 함께하며 확인한 사실이다. 몰입에 이르는 과정이 느리더라도 차분하게 기다려 주어야 하는 이유가 거기에 있다.

뉴질랜드에서 색다른 수업을 관찰할 기회가 있었다. 초등학교에서 진행되는 프로젝트 수업이었다. 학기가 시작되면 아이들은 '카페 만들기'에 관한 안내를 받는다. 10주 후에 교실 하나를 꾸며서 카페를 운영한다는 내용이다. 무엇을 얼마에 팔지, 누가 요리를 담당할지, 어떻게 교실을 꾸밀지, 손님 초대는 어떻게 할지, 이 모든 것을 아이들이 직접 결정해야 한다. 물론 돈 계산도 아이들의 몫이다. 미리 계획을 세우면 예산에 맞추어 학교에서 돈을 내어준다. 하지만 공짜는 아니다. 카페를 운영해서 번 돈으로 나중에 모두 갚아야 한다.

불가능하게만 보이는 이 수업은 혼란으로 시작된다. 교실에 모여앉은 아이들은 정신없는 분위기 속에서 난상 토론을 벌인다. 그렇게 아무것도 정해진 것 없이 일주일이 그대로 흘러가 버린다. 답답할 만도

무엇이 행복한 영재를 만드는가

하지만, 선생님은 아이들을 내버려 둔다. 아무 말도 하지 않고 그냥 지켜보기만 한다. 그런데 시간이 지나면서 묘한 일이 벌어진다. 아이들 스스로 질서를 찾아가는 것이다. 일단 동네에 있는 카페에서 시장 조사를 하는 것으로 일정이 시작된다. 여러 곳에 들러서 어떤 물건을 파는지, 가격은 얼마인지, 운영은 어떻게 하는지 차근차근 알아본다. 그러면서 점차 역할을 나누고 시간 계획도 함께 세운다.

그렇게 10주가 지나고, 드디어 개장일이 다가왔다. 집에 도착한 초대장을 들고 학교에 찾아갔다. 정성껏 꾸며놓은 교실에서 카페 분위기가 물씬 풍겼다. 테이블 한 곳에 자리를 잡고 메뉴판을 살펴보았다. 앞치마를 의젓하게 차려입은 아이가 연필과 수첩을 들고 있었다. 레모네이드와 치킨 샌드위치를 주문한 뒤, 주위를 둘러보았다. 다들 부지런히 움직이고 있었다. 초대받은 마을 사람들도, 상기된 표정의 아이들도 모두 행복해 보였다. 음식을 맛있게 먹은 뒤 기분 좋게 값을 치르고 나왔다. 몇 달 뒤, 학교에서 발행한 소식지에 반가운 글이 보였다.

"카페 수익금은 아이들의 이름으로 기부되어 학교 앞 건널목에 시각장애인용 음향신호기를 설치하는 데 사용되었습니다."

이 수업이 진행되는 10주 동안 아이들이 얼마나 몰입하는지, 마을 전체가 어떻게 아이들을 기다려주는지 차분하게 지켜볼 수 있었다. 카페 만들기 프로젝트는 아이들만을 위한 수업이 아니었다. 마을 사람 모두가 함께 즐기는 축제였다!

때때로
환경의 변화가
필요하다

고집이 무척이나 센 아이를 만났다. 상담실에 들어와서 문을 나설 때까지 불만스러운 표정을 감추지 않았다. 막무가내로 내달리는 호영이의 태도에 어머니도 어찌할 줄 몰라 했다.

"싫은데요?"
"제가요?"
"왜 그래야 하는데요?"

가정환경만 놓고 보면 뭐 하나 부족할 게 없는 아이였다. 변호사인 아버지와 대학교수인 어머니는 외동아들인 호영이를 애지중지했다.

원하는 건 무엇이든 가질 수 있었고, 악기든, 공부든, 운동이든, 사교육도 넘칠 만큼 받았다. 상담실에 올 때마다 거친 태도를 보이던 호영이는 한참이 지나서야 속마음을 털어놓았다.

"어릴 때부터 안 다녀본 학원이 없어요. 성적 걱정도 해본 적이 없고요. 선행학습을 지겨울 만큼 했거든요. 굳이 공부하지 않아도 시험은 언제나 백 점이고, 그럴 때마다 실컷 칭찬을 받았어요. 그런데 학년이 올라가면서 그런 관심이 부담스럽게 느껴졌어요. 학원 수업을 아무리 들어도 문제가 풀리질 않고, 진도를 따라가기도 벅찼어요. 그러니까 자꾸 화가 나고, 성적을 물어보는 부모님도 미웠어요."

부모님이 실망하게 될 거란 불안감이 아이를 삐뚤게 만들고 있었다. 일단 가족 모두 익숙한 환경에서 한 걸음 떨어져 보는 시간이 필요하겠다 싶었다.

"이 수업이 두 분에게 도움이 될 겁니다. 한번 시간을 내어 참석해보세요."

먼저 부모님에게 자녀교육 강좌를 권했다. 일주일에 한 차례씩 열리는 수업이었다. 아이를 이해할 기회도 되겠지만, 오랜만에 학생이 되어보는 경험도 필요했기 때문이다. 전문직에 종사하면 지시를 내리는

무엇이 행복한 영재를 만드는가

데 익숙해진다. 아이의 속마음을 이해하기보다는 무조건 성적만 올리라고 말하기 쉽다. 책상 앞에 몇 시간씩 앉아 있는 건 생각보다 고된 일이다. 어른이 되면 더 그렇다. 학교와 학원을 오가는 삶이 절대 쉽지 않다는 걸 부모님도 알았으면 했다.

아이에게는 부모님과 한동안 떨어져 지낼 기회가 필요했다. 마침 여름방학을 맞아 외국에 계신 이모님 댁에 어머니와 함께 방문할 계획이었다. 나는 국내 여행을 권했다. 어머니는 고민 끝에 시골에 계신 할머니 댁에 한 달 동안 호영이를 보내기로 했다. 학원에 안 가도 된다는 말에 호영이도 싫지 않은 눈치였다. 부모님은 함께 가지 않고, 교통편부터 시작해 찾아가는 모든 여정을 아이가 도맡아 해보기로 했다.

방학이 끝난 뒤 영재원 복도에서 호영이와 마주쳤다. 항상 찡그리고 있던 아이가 먼저 반갑게 인사를 건넸다.

"안녕하세요!"

나는 아이가 보낸 한 달이 궁금해졌다. 호영이가 상담실에 찾아왔을 때 그동안의 일을 들을 수 있었다.

"부모님이 운전하는 자동차만 타다가 혼자서 가려니 너무 막막했어요. 다행히 기차는 탔는데, 도착한 곳에서 할머니 댁까지 가는 버스를 놓쳤지 뭐예요. 날은 어두워지고, 어떻게 해야 할지 모르겠더라고요. 기차역에서 직원분을 붙들고 이것저것 열심히 물어서 겨우 막차를 탈 수 있었어요.”

막상 할머니 댁에 도착해서도 고생이 이만저만 아니었다고 했다. 음식은 도통 입에 맞지 않고, 집에 있을 땐 방마다 달려있던 에어컨도 없었다. 밥 한 끼를 먹으려 해도 하나부터 열까지 사람 손이 필요한 환경이 호영이에겐 무척 낯설었다.

“모기는 많고, 선풍기 한 대로 무더운 여름밤을 버티는 게 진짜 힘들었어요. 새벽같이 일어나서 밭일도 돕고, 저녁에는 축사 청소를 했어요. 목욕 한 번 하려면 물을 받고, 데우고, 뒤처리까지 할 일이 얼마나 많던지…. 꼭지만 돌리면 더운물이 나오는 샤워기가 제일 그리웠어요.”

호영이가 일상의 소중함을 깨달은 만큼 부모님의 변화도 컸다. 한 달 동안 자녀교육 강좌를 들으며 아이를 한층 이해하게 된 것이다.

“남들보다 풍족하게 해준다고 아이가 행복한 건 아니라는 걸 알게 됐어요. 학원을 정할 때도 호영이와 의논해야겠다는 생각이 들었고요. 무엇보다, 함께하는 시간의 소중함을 깨달은 게 가장 큰 소득이었

무엇이 행복한 영재를 만드는가

어요."

내가 중학생이었을 때의 일이다. 학교 대표로 과학발명품 경진대회에 참가할 기회를 얻었다. 고생한 보람이 있었는지, 내가 만든 발명품이 좋은 성적을 거뒀다. 군 대회, 도 대회를 거쳐서 전국대회까지 나가게 되었다. 새로운 발명품을 얼른 제작해야 하는데, 나를 지도하던 선생님은 도통 서두르질 않았다. 나는 속이 타들어 갔다. 하지만 선생님은 주말마다 나를 불러서 엉뚱한 일만 시켰다. 하루는 논에 가서 농사일을 돕고, 하루는 현장에서 집 짓는 일을 거들었다. 시장에서 장사를 배우는 날도 있었다. 억지로 따르긴 했지만, 선생님이 원망스러웠다. 한 달쯤 지났을 때, 선생님이 교무실로 나를 불렀다.

"지금껏 해본 일 가운데 어떤 게 가장 힘들었니?"
"전부 다요. 그런데 도배 일이 제일 고생스러웠던 것 같아요."
"그럼 그걸로 하면 되겠구나!"

나는 그렇게 자동 도배 기계를 발명했다. 그리고 전국대회에서 수상할 수 있었다. 낯선 환경에 가보지 않았다면 절대 해내지 못할 일이었다.
누구나 익숙한 환경을 좋아한다. 굳이 그곳에서 벗어나려면 상당한 용기가 필요하다. 미래를 살아갈 우리 아이들에게 가장 중요한 역량은 '다른 사람을 이해하는 능력'이다. 문화적으로, 경제적으로, 종교적으로 배경이 다른 사람들과 좋은 관계를 맺으려면 열린 마음이 필요하다. 성장하면서 아이들은 많은 이들과 만나게 된다. 잠깐 스치는 인연도 있고, 긴 시간을 함께할 동료도 있다. 동아리, 기숙사, 직장에서 마주치는 다양한 사람들을 이해하는 열쇠는 바로 용기다. 익숙한 세상에서 빠져나와 낯선 곳으로 향하는 용감한 발걸음을 응원해 주자. 아이들은 새로운 세상에서 다른 사람을 이해하는 능력을 키운다. 환경의 변화는 그래서 필요하다.

남을 돕는 일은
성장으로
돌아온다

영재원을 수료하고 자사고에 들어갔던 태연이가 나를 찾아왔다. 반가운 마음 한구석에 걱정스러움이 앞섰다. 준비하는 과정에서 충분히 상담하고 진로를 정했기 때문이다. 상담실에 마주 앉은 아이가 진지한 표정으로 말을 꺼냈다.

"막상 원하는 학교에 들어갔는데, 공부하는 의미를 못 찾겠어요. 단순히 좋은 대학에 들어가는 걸 삶의 목표로 삼고 싶지는 않아요."

걱정하던 마음이 안심으로 바뀌었다. 힘든 시험을 거쳐 영재고나 자사고에 들어간 아이들이 흔히 겪는 일이었다. 새로운 목표를 찾는 과정에서 구체적인 이유가 필요해진 시기가 온 것이다. 나는 빙그레 웃으며 말했다.

"이제 곧 방학이지? 재능봉사를 해볼래?"

고개를 끄덕이는 태연이에게 영재원 여름 캠프 일정을 알려주었다. 저녁에 있을 영화 토론 프로그램의 멘토를 맡겨볼 생각이었다. 캠프가 시작된 날, 저녁 식사를 마친 아이들이 들뜬 표정으로 강당에 모여들었다. 첫날 상영하는 영화는 『옥토버 스카이』였다.

영화가 시작되고, 삭막한 풍경이 펼쳐진다. 그 마을에 사는 남자아이는 고등학교를 졸업하면 으레 광부가 된다. 대학에 가는 건 운동을 잘하는 학생뿐이다. 그러니 다들 공부와 담을 쌓고 지낸다. 어느 10월의 초저녁, 한 아이가 하늘을 가로지르는 인공위성을 발견한다. 그날이후, 아이는 우주에 닿을 로켓을 만들기로 마음먹는다. 사실 그 아이는 수학에도, 화학에도, 물리에도 관심이 없다. 그런데 하고 싶은 일이 생기는 순간 세상 모든 학문이 궁금해진다. 온갖 책을 뒤적이며 만들어낸 로켓은 한 뼘도 날지 못한 채 폭발해버린다. 아버지는 바보 같은 짓 하지 말라며 실험 도구를 몽땅 내다 버린다. 아이는 포기하지 않고 남몰래 재료를 찾아 헤맨다. 처음엔 놀리던 친구들도 하나둘 아이를 돕기 시작한다. 이 영화는 실화에 바탕을 두고 있다. 주인공은 자라서 NASA로 불리는 미국 항공 우주국의 연구원이 된다. 영화가 끝난 뒤, 초롱초롱해진 아이들에게 물었다.

"다른 사람이 나의 꿈을 하찮게 여기면 어떻게 해야 할까요?"
"영화 속 선생님처럼 나를 끝까지 믿어줄 사람이 주위에 있나요?"
"마을 사람들은 왜 주인공을 응원하게 되었을까요?"

꿈에 관한 주제라서 그런지 아이들의 관심이 뜨거웠다. 분위기가 한창 무르익을 무렵, 대기하던 선배를 등장시켰다. 후배들 앞에 선 태연이는 차분하게 말을 꺼냈다. 영화를 보며 들었던 생각, 고등학교에서 하게 된 고민, 마음속에 품은 꿈을 솔직하게 풀어놓았다. 이야기가 끝나자, 아이들은 뜨거운 박수를 보내주었다. 캠프 마지막 날, 별이 가득한 밤하늘을 보며 태연이에게 물었다.

"생각이 좀 뚜렷해졌니?"
"함께 영화를 보면서 많은 생각을 했어요. 저도 학교를 정할 때 반대가 심했잖아요. 부모님은 특목고를 고집했고, 저는 자사고를 원했고요. 그때 외교관이 되겠다는 꿈으로 부모님을 설득했지요."
"그래, 그때 쉽지 않았지."
"고등학교에 들어와서 힘들었던 건, 어떤 외교관이 되어야 할지 뚜렷한 그림이 그려지지 않아서였어요. 캠프에 참여할 기회를 주셔서 감사해요. 후배들과 이야기를 나누면서 앞으로의 일이 명확해졌어요."

"오, 궁금한걸."

"해외에 교포분들이 많잖아요. 그분들이 꿈을 펼칠 수 있도록 곁에서 돕고 싶어요. 외교관이 된 제 모습이 이제는 머릿속에 분명하게 그려져요."

그 뒤에도 특목고나 영재고에 들어간 아이들이 비슷한 고민을 안고 상담실 문을 두드렸다. 그럴 때마다 나는 재능봉사를 권했다. 하는 일은 달랐지만, 매번 강조하는 건 같았다. 그 봉사가 나를 넘어서 남들에게 긍정적인 영향을 줄 수 있도록 애써야 한다고 말이다.

"우리 지역의 관광지를 청소해 보려고요."

"좋은 생각이구나. 혹시 다른 사람들이 참여하게 만들 방법은 없을까?"

그렇게 생각 거리를 건네면 아이들은 스스로 답을 찾아왔다.

"환경전시회를 열어볼 생각이에요. 지저분한 관광지를 사진으로 찍어서 터미널에 전시하는 거예요. 청소한 후의 깨끗해진 모습도 나란히 보여주고요. 그러면 우리 지역을 찾은 분들이 뒷정리를 깔끔하게 하지 않을까요?"

나는 이것을 '봉사의 기술'이라고 부른다. 혼자만의 활동으로 끝나지 않고 주변의 변화를 이끌어내기 때문이다. 필립스 아카데미 앤도버는 200년의 역사를 가진 미국의 명문 고등학교다. 이 학교의 인문학 강좌와 토론식 수업을 탐구하다가 교훈에 대해 알 기회가 있었다.

"Not for Self."

자신만을 위해 살지 말라는 이 문장을 보며 많은 생각을 했다. 나의 재능을 내 삶을 윤택하게 만드는 데 사용하면 그저 몇 사람만 행복해 질 뿐이다. 하지만 그 재능이 다른 사람을 위해 쓰이면 기쁨은 두 배, 세 배로 커진다.

봉사를 통해 주변을 바꾸면 그 활동이 우리 삶에 다시 긍정적인 변화를 가져온다. 남을 돕는 일이 자신의 성장으로 돌아오는 것이다. 그것이 바로 봉사가 의미 있는 이유다. 아이들은 봉사를 하면서 다른 사람을 이해할 기회를 얻는다. 그리고 배려와 공감을 키워간다. 오랫동안 아이들을 지켜보면서 그 변화를 직접 확인할 수 있었다. 돌이켜보면, 그렇게 함께할 수 있었던 시간이 내게도 큰 의미였던 것 같다.

CHAPTER 3

학교와
가정은
아이의
세계다

11

친구의 시선이
자존감을
높인다

늘 조용하던 아이가 상담 신청을 했다. 걱정스러운 표정이 얼굴에 가득했다. 나는 아이가 이야기를 꺼낼 때까지 가만히 기다려주었다. 성수는 품고 있던 고민을 조심스레 털어놓았다.

"어릴 때부터 내성적인 성격이라 사람들과 어울리는 게 힘들었어요. 학교에서는 웬만하면 혼자 지내고, 튀지 않게 행동하려고 애써요. 그런데 영재원은 조별 활동이 많아서 너무 부담스러워요. 어떻게 적응해야 할지 모르겠어요···."

수업시간에 지켜본 성수는 장점이 많은 아이였다. 말이 많은 편은 아니었지만, 차분하고 생각이 깊었다. 그래서 내 생각을 솔직하게 말해주었다.

"성수야, 너는 생각하는 능력이 뛰어난 아이야. 한 가지 문제에도 여러 가지 해결책을 떠올리잖아. 네가 이야기를 시작하면 다들 놀랄걸? 어떻게 그런 아이디어를 생각해 냈느냐고 말이야."

조금은 밝아진 얼굴로 성수는 상담실을 나섰다. 좀 더 용기를 북돋울 방법을 궁리하다가, 문득 적당한 활동이 떠올랐다.

"이번 시간에는 '내 친구를 칭찬합니다' 활동을 할 거예요. 두 사람씩 짝을 지어서 인터뷰를 해보세요. 친구가 어떤 성격인지, 뭘 좋아하는지, 잘 하는 건 뭔지 자세하게 물어보는 거예요."

인터뷰를 끝내면 조사한 내용을 공책에 간단하게 적어보도록 했다. 그런 다음 한 사람씩 앞으로 나와서 자신의 짝을 소개하는 시간을 가졌다.

"제 친구 성수는요, 무척 어른스럽고 침착합니다. 책도 많이 읽고, 아는 것도 많아요. 어려운 문제를 끝까지 풀어내는 끈기도 있습니다. 그리고…."

인터뷰 시간이 그리 길지 않았는데도 짝을 칭찬하는 아이들의 발표는 제법 길게 이어졌다. 친구의 입을 통해 칭찬을 듣는 게 신기했는지, 다들 열심히 귀를 기울이는 모습이었다.

"이번에는 조별 활동을 해볼 거예요. 네 명이 한 조를 만드세요."

내가 준비한 다음 활동은 '위기에 빠진 사람들'이었다. 일단 네 명씩 모이게 한 뒤, 네 장의 카드를 지급했다. 각각의 카드에는 위기에 빠진 지구촌 사람들의 모습을 담았다. 활동 방법은 간단하다. 조원들이 카드를 한 장씩 나눠 갖고, 돌아가며 리더가 되는 것이다. 카드가 넷이니 리더도 넷이다. 리더는 자신의 카드를 설명한 뒤 토론을 이끈다. 그리고 조원과 함께 해결 방법을 찾는다.

활동이 진행되면서 흥미로운 일이 벌어졌다. 자신을 내성적이라 여겼던 아이들이 리더 역할을 해내기 시작한 것이다. 보통은 활발한 아이들이 조 전체의 의견을 이끈다. 조용한 아이들은 묵묵히 친구들의 이야기를 듣고 있는 경우가 많다. 그런데 돌아가면서 리더를 맡으니 평소에 말이 없던 아이들도 의견을 펼칠 기회를 얻게 된 것이다.

아이들 모두가 목소리를 내자 토론이 한층 풍부해졌다. 그런 분위기가 발표에도 이어져서 평소보다 훨씬 다채로운 결과물이 나왔다. 각자 역할을 맡아서 발표하는 조, 해결 방안을 그림으로 알기 쉽게 설명하는 조, 한 편의 연극처럼 발표를 진행하는 조…. 시끌벅적한 분위기

속에서 재미있는 볼거리가 계속 등장했다. 모든 활동이 끝난 뒤, 성수가 속한 조에서 이런 말이 들려왔다.

"와, 깜짝 놀랐어. 성수야, 너 진짜 창의적인 것 같아!"

다음 학기가 되었다. 성수는 학교에서 동아리 회장이 되었다. 그리고 재미있는 시스템을 도입했다. 매달 회장이 바뀌도록 한 것이다. 누구나 회장이 될 수 있는 이 방식은 크게 인기를 끌었다. 덩달아 동아리의 인지도도 높아졌다. 성수의 마음속에 잠들어있던 반짝임이 드디어 제자리를 찾은 것이다.

수업을 하다 보면 아이들의 성향만큼이나 흥미도 제각각인 걸 알 수 있다. 영재원에서 과학탐구 과제를 주면 대부분 비슷한 아이들이 한 조가 된다. 그럴 때 색다른 조합을 만들어 주면 도움이 된다. 책을 손에서 놓지 않는 아이, 그림을 열심히 그리는 아이, 수학 문제 풀이에 진심인 아이, 세계 경제 흐름에 관심이 많은 아이가 한자리에 모이도록 해주는 것이다. 그러면 예상 밖의 결과물이 만들어진다. 서로 몰랐던 분야를 알아가면서 색다른 아이디어가 튀어나오기 때문이다. 흥미의 융합이 이루어지는 순간이다.

내가 오랫동안 진행해온 활동 가운데 '섀클턴 수업'이 있다. 탐험가 어니스트 섀클턴의 실화가 바탕이 된 조별 토론 수업이다.

1914년, 미지의 세계인 남극 탐험에 나선 스물일곱 명의 대원이 있었다. 이들의 대장이 바로 어니스트 섀클턴이다. 남극을 향해 힘겨운 여정을 이어가던 그들은 끝내 배를 잃고 황량한 무인도에 도착한다. 대원들이 추위와 굶주림에 지쳐가는 모습을 보던 섀클턴은 중대한 결심을 한다. 작은 배 한 척으로 얼음이 가득한 바다를 뚫고 구조대를 찾아 나서기로 마음먹은 것이다. 이 상황에서 누구를 데려가고, 누구를 남겨야 할지 그의 고민이 깊어진다.

'섀클턴 수업'은 대장인 어니스트 섀클턴과 함께 떠날 다섯 명의 대원을 뽑는 토론 수업이다. 10년 전이나 지금이나 참가하는 아이들의 열기가 뜨겁다. 누구 하나 빠지지 않고 토론에 열을 올리는 이 수업의 매력은 무엇일까?

섀클턴 수업에는 남다른 조건이 붙는다. 조원 모두가 동의해야만 그 대원을 뽑을 수 있다. 다수결은 안된다. 반드시 만장일치가 이뤄져야 한다. 이 조건을 지키려면 치열한 토론이 필수다. 그리고 누구의 의견이든 다 중요해진다. 이 수업이 끝나면 아이들의 얼굴에 뿌듯함이 넘친다. 자신의 의견이 소중하게 다뤄졌다는 느낌을 받기 때문이다.

아이들의 성향은 하늘의 별만큼이나 다양하다. 그런데 모든 아이에겐 한 가지 공통점이 있다. 친구가 보내는 긍정적인 시선을 무엇보다 소중하게 여긴다는 것이다. 내성적인 아이들이 말수가 적은 건 생각이 깊기 때문이다. 이런 아이들은 차분하면서도 관찰력이 뛰어난 경

무엇이 행복한 영재를 만드는가

우가 많다. 하지만 표현이 서툴기 때문에 주위에서 제대로 알아차리질 못한다. 친구에게 인정받을 기회가 생기면 아이들의 마음속에 용기가 한 방울씩 고인다. 그 용기가 마음을 가득 채울 때 세상을 향해 조심스러운 한 걸음을 내디딜 수 있다. 겉으로 용감해 보이는 아이도 마찬가지다. 긍정적인 시선에 용기를 얻고, 부정적인 시선에 상처받는다. 아이들에게 서로를 존중하는 태도를 가르쳐야 하는 이유가 바로 거기에 있다.

12

멘토가
필요한 순간이
있다

내가 사명감을 갖고 했던 일 가운데 '공부의 신' 지도교수가 있다. 공부의 신은 중학생이나 고등학생에게 무료로 공부법을 멘토링하는 비영리기관이다. 나는 이곳에서 멘토가 될 대학생을 훈련하는 일을 맡았다. 서울대, 연세대, 고려대 재학생이 많았는데, 그 가운데엔 영재원에서 가르친 아이들도 여럿 있었다. 어느새 의젓해진 아이들을 보며 좋은 생각이 떠올랐다.

"재민이가 머리로만 계산을 해요. 그러다 보니 실수가 잦아요."

상담실에 찾아온 어머니가 걱정스럽게 했던 말이다. 지능이 높은 아

무엇이 행복한 영재를 만드는가

이들의 특징이다. 암산하는 게 편하다 보니 풀이과정은 맞아도 단순 계산에서 실수할 때가 많다. 남들보다 이해력이 뛰어난 것이 감점 요인이 되기도 한다. 문제를 끝까지 읽지 않고 빨리 답을 해버리니 함정에 쉽게 걸려든다.

"복습하는 걸 질색하고, 필기도 잘 안 해요."

반복적인 작업을 싫어하다 보니, 복습을 하지 않는 경우도 많다. 복습은 학습에 깊이를 더하고 다른 분야와의 연결점을 찾아낼 기회다. 그런데 이런 과정을 건너뛰면 지식의 정확도가 떨어진다. 필기도 마찬가지다. 보고 들은 것을 쉽게 외우니 뭔가를 적는 일이 드물다. 자연스레 공부한 내용을 정리하는 데 서툴러진다.

문제는 이런 습관을 고치기가 힘들다는 거다. 영재들은 주관이 무척 뚜렷한 편이다. 그러다 보니 설득하는 데 애를 먹는다. 공부의 신에서 제자들을 만났을 때 내 머릿속에서 반짝하고 떠오른 생각이 바로 영재와 영재를 만나게 해주는 것이었다. 비슷한 실수를 경험했던 선배가 아이들의 변화에 긍정적인 신호탄이 될 수 있을 거란 확신이 들었다.

재민이가 영재원 선배를 멘토로 맞은 지 한 달쯤 지났을 때였다. 반가운 이야기가 들려왔다. 수업시간에 배운 내용을 공책에 조금씩 적기 시작했다는 소식이었다. 하루는 재민이가 상담실에 찾아왔다.

"궁금한 것들을 이메일로 물어보면 대학생 멘토 형이 답장을 해줘요. 부모님이 말씀하실 땐 매번 잔소리로 들렸는데, 멘토 형이 하는 말은 쉽게 이해가 돼요. 참, 형도 예전에는 계산을 다 머리로 했대요. 당장은 힘들겠지만, 쓰면서 계산하는 습관을 들여보기로 형이랑 약속했어요."

멘토 형의 이야기를 신나게 들려주는 재민이를 보며, 며칠 전에 상담했던 초등학생이 떠올랐다. 그 아이도 재민이처럼 영재의 특성을 고스란히 갖고 있었다.

"한 가지 부탁이 있단다. 얼마 전에 재민이와 비슷한 초등학생을 만났어. 그 아이를 도와주면 어떻겠니?"
"제가 그런 일을 해낼 수 있을까요?"
"그렇고말고. 대학생 멘토 형이 공부법을 가르쳐줬던 것처럼, 그 아이가 궁금해하는 걸 재민이가 알려주면 돼. 분명 잘 할 수 있을 거야."

재민이는 상기된 표정으로 고개를 끄덕였다. 자신이 멘토가 된다는 사실이 내심 신기했던 모양이다.

'멘토'는 그리스 신화 『오디세이아』에서 비롯된 말이다. 주인공 오디세우스가 친구 멘토르에게 아들의 조언자가 되어줄 것을 부탁하는 장면이 나온다. 지혜로운 조언자, 즉 멘토가 되기 위해 꼭 갖춰야 할 덕목이 있다. 바로 신뢰, 지식, 태도다. 공부의 신에서 멘토가 될 대학생을 훈련하면서 매번 강조했던 말이 있다. 아무리 실력이 출중해도 약속을 지키지 못하면 멘토가 될 자격이 없다고 말이다. 아이들은 사소한 약속도 기억한다. 지키지 못할 약속은 애초에 하지 말고, 일단 약속을 하면 꼭 지켜야 한다. 이것이 바로 멘토가 갖춰야 할 첫 번째 덕목인 신뢰다.

멘토에게 요구되는 두 번째 덕목은 지식이다. 상대를 알고, 가르칠 내용을 알고, 세상을 제대로 알아야 한다. 한동안 청소년의 특성에 대해 많은 시간을 들여 교육했던 기억이 난다. 멘토링의 대상이 될 아이들을 제대로 알아야 하기 때문이다. 가르칠 내용도 마찬가지다. 대학생 멘토가 중학생이나 고등학생보다는 실력이 뛰어난 건 사실이다. 하지만 준비 없이 가르치면 세세한 부분에서 반드시 구멍이 생긴다. 세상에 대한 지식도 필요하다. 멘토가 마주할 대상은 미래의 주인공이 될 아이들이다. 10년, 혹은 20년 후의 세상이 어떤 모습일지 상상하며 사회의 변화를 살펴야 한다.

멘토가 갖춰야 할 태도는 사명감, 자부심, 인성이다. 사명감을 제일 앞에 둔 이유는 멘토가 교육자의 역할도 겸하기 때문이다. 멘토가 되는 순간 그 사람은 다른 이의 삶에 영향을 끼친다. 자부심을 느껴야 하는 이유도 마찬가지다. 누군가의 성장에 힘을 보태는 것은 세상에서 가장 숭고한 일이다. 아이들은 멘토의 말과 행동에 금세 영향을 받는다. 그러니 바른 인성을 갖춰야 한다고 거듭 말했다. 이런 것들이 모두 멘토링의 본질이라고 가르쳤으니, 나와 함께 해 준 멘토들이 다들 고생했겠구나 싶다.

아이들이 자신과 비슷한 길을 걸었던 대학생 멘토를 따랐던 이유는 다른 게 아니었다. 같은 실수를 했다는 동질감이 있기 때문이다. 우리 삶은 습관으로 이루어져 있어서 단번에 그것을 바꾸기란 불가능하다. 그럴 때 필요한 존재가 멘토다. 서두르지 않고, 꾸준히 지켜봐 주면 아이들은 서서히 새로운 습관을 익힌다. 쓰면서 하는 계산에 어느새 익숙해진 재민이처럼 말이다. 초등학생 영재의 멘토 역할을 하면서 재민이는 부쩍 학습 태도가 좋아졌다. 공부습관도 새롭게 익혔다. 누군가를 가르친다는 자부심이 재민이를 그렇게 만든 것 같다.

아이와
부모는
다른 존재다

지수는 차분한 아이다. 속이 깊고, 친구들을 배려하는 마음 씀씀이가 예쁘다. 쉬는 시간이면 언제나 아이들에게 둘러싸여 있다. 그림 솜씨가 좋아서 친구들의 모습을 곧잘 만화로 그려낸다. 하루는 지수 어머니가 상담 신청을 하셨다. 마주 앉아 이것저것 이야기를 나누는데, 성적 이야기가 나오자 지수가 불안해하는 모습을 보였다. 다음 주에도 마찬가지였다. 밝은 모습으로 친구들 이야기를 하던 지수가 공부에 관해 대화를 시작하자 입을 닫았다. 며칠 뒤, 홀로 상담실에 찾아온 어머니가 망설이며 말을 꺼냈다.

"지수가 지금 아빠와 전쟁 중이에요."

어머니의 이야기를 빌리자면, 지수의 아버지는 혼자 힘으로 모든 것을 이룬 분이다. 어려운 환경에서도 공부를 손에서 놓지 않았고, 명문대에 입학한 뒤 우수한 성적으로 장학금을 받았다. 그리고 졸업과 동시에 대기업에 입사하여 이른 나이에 임원이 되었다. 한 마디로 자수성가의 전형이었다.

"아이 아빠가 입버릇처럼 하는 말이 있어요. 요즘 애들은 너무 무르다고요. 그러면서 사사건건 지수가 하는 일에 불만을 보여요. 밤늦게 잠드는 것도, 일찍 일어나지 않는 것도, 아침 식사를 거르는 것도 모두 다요. 특히 공부 이야기만 나오면 노발대발이에요. 그만큼 뒷바라지를 하는데 왜 성적이 제자리냐고요. 도움도 되지 않는 만화 그만 그리라며 그림 공책도 여러 번 찢었어요."

어머니의 얼굴에 근심이 가득했다. 나날이 나빠지는 두 사람의 관계를 어찌해야 할지 갈피를 못 잡겠다고 했다.

"지수도 아빠만큼 고집이 세서 절대 굽히려 들지 않아요. 일부러 더 늦게 잠자리에 들고, 아침에 피곤한 상태로 일어나요. 학원을 자주 빠지길래 이유를 물었더니, 공부가 싫대요. 만화 그리기 말고는 딱히 하고 싶은 것도 없고요. 아침 식사 자리에 시간 맞춰 오라고 아무리 부탁해도 소용이 없어요. 얼굴 볼 때마다 아빠가 번번이 화를 내니까 같이 밥 먹기 싫다면서요."

그리고 얼마 후, 더 큰 일이 터졌다. 그렇게 살려면 이 집에서 나가라며 아버지가 지수에게 엄포를 놓은 것이다.

"이러다가 정말 무슨 일이 벌어질지 모르겠어요. 딱 한 번만이라도 좋으니 아이 아빠를 만나 주시면 안 될까요?"

수화기 너머에서 지수 어머니가 간절하게 말씀하셨다. 안 그래도 만남이 한 번쯤은 필요하겠다고 생각하던 참이었다. 아버지와 이야기를 나누지 않으면 지수의 상황이 호전될 것 같지 않았다. 며칠 뒤, 깔끔한 차림새의 중년 신사가 상담실에 찾아왔다. 지수 아버지는 이런 자리가 영 불편한 표정이었다.

"아이 엄마를 생각해서 여기까지 오긴 했지만, 절대 지수를 용서할 생각이 없습니다."

단호함이 뚝뚝 묻어나는 아버지의 말에, 앞으로의 대화가 쉽지 않겠다는 생각이 들었다. 어떻게 이야기를 풀어갈까 고민하다가, 일단 불만을 들어보기로 했다. 작정이라도 한 듯, 아버지의 입에서 지수에 관한 이야기가 쏟아졌다.

"워낙 없이 살다 보니 남들보다 열 배는 노력해야 했습니다. 그런데 지수는 절실함이 없어요. 일찍 일어나라는 말조차 듣지 않습니다. 너무 게을러서 눈 뜨고 보지 못할 정도예요."

"집안 형편 때문에 학비를 제 손으로 벌었어요. 그런데도 일등을 놓친 적이 없어요. 그런 저와 비교하면 지수의 환경은 완벽합니다. 아무 걱정 없이 공부만 하라는 데도 성적이 그 모양이니, 더는 할 말이 없습니다."

"저는 매 순간 쓸모있는 사람이 되려고 애썼어요. 그런데 지수는 아무짝에도 쓸모없는 그림을 몇 시간이나 붙들고 있습니다. 정말 한심하기 그지없어요."

들고 보니, 온통 자신과 지수를 비교하는 내용이었다. 나는 생각했다.

'아버지의 성공이 지수에겐 독이 되었구나.'

단번에 상황을 바꾸는 건 어렵겠다 싶었다. 하나씩 해결해 나가자는 마음으로 내가 물었다.

"천 리 길도 한걸음부터라고 하지요. 지금 지수에게 가장 바라는 것 한 가지만 말씀해 주시겠어요?"

무엇이 행복한 영재를 만드는가

잠시 생각하던 아버지는 기상 시간을 꼽았다. 일단 아침 일찍 일어나야 하루가 충실하게 시작될 거라고 했다. 아버지가 한 가지를 말했으니, 이번에는 지수의 요구를 전할 차례였다.

"상담 시간에 지수한테 물어본 적이 있습니다. 아버지에게 부탁하고 싶은 한 가지가 있다면 말해보라고요. 그랬더니 원하는 시간에 아침 식사를 하고 싶다고 하더군요. 혹시 지수가 기상 시간을 지키면 아침 식사 시간을 양보해주실 수 있을까요?"

아버지는 의외로 흔쾌하게 승낙을 했다. 나중에 알고 보니, 지수가 어차피 해내지 못할 거란 생각이 있었다고 한다. 그런 예상을 깨고, 지수는 기상 시간을 정확하게 지켰다. 덕분에 아침 식사를 편하게 할 수 있었다. 이 일이 계기가 되어 지수는 아버지와 한 가지씩 약속을 주고받게 되었다. 불가능할 거라 여겼던 지수의 변화가 아버지를 조금은 놀라게 한 모양이었다. 두 사람의 관계를 조금 더 가깝게 할 방법이 없을까 고민하다가, '그림자 프로그램'이 떠올랐다. 원래는 진로 지도를 할 때 쓰는 방식인데, 지수와 아버지에게 도움이 될 것 같았다.

"지수야. 미리 허락을 받은 뒤 하루 날을 잡아서 아버지의 직장에 가보도록 해. 거기서 네 역할은 그림자야. 가까운 곳에서 아버지를 계속 지켜보는 거지. 넌 그림자니까 말을 걸 수도, 질문할 수도 없어. 그냥

보기만 하는 거야."

원하는 직업이 있을 때 그 일을 하는 사람을 곁에서 지켜보는 이 방식은 아이들에게 생각 거리를 선물한다. 이 일이 자신에게 맞는지, 평생 할만한 일인지, 몰랐던 점은 없는지 스스로 점검하게 된다. 지수에게도 이 시간이 보람 있었던 모양이다.

"아빠가 일하는 모습을 현장에서 보니까 생각했던 것과 많이 달랐어요. 무척 바쁘고 힘들어 보였어요. 아빠가 하는 일이 이렇게 쉴 틈 없는 일이었구나 하는 생각이 들더라고요."

아버지에게 부탁한 건 심층 인터뷰였다. 지수를 잘 아는 주변 사람들에게 이런 질문을 해 보는 것이다. '지수의 평소 모습은 어떠한지?' '무엇을 즐거워하는지?' '어떤 고민이 있어 보이는지?' '지수의 장점은 무엇인지?' '지수에게 어떤 소원이 있는지?' 학교 선생님, 학원 선생님, 지수의 단짝 친구가 인터뷰 대상이 되었다. 이것도 진로 지도에서 쓰는 방법이다. 직업인 인터뷰를 응용했다. 다양한 대답을 들으면서 아버지는 제법 당황했다. 그동안 지수에 대해 너무 몰랐다는 사실을 깨달은 것이다. 특히 바깥에서 지수가 꽤 인정받고 있다는 것에 놀라움을 느꼈다. 몇 달 뒤, 영재원 행사에서 지수 아버지와 마주쳤다. 조금은 쑥스러워하는 표정으로 그분이 말했다.

"나와 아이는 다른 사람이란 걸 그동안 인정하지 못했던 것 같아요. 지금이라도 알게 되었으니 다행입니다. 정말 감사합니다."

부모와 아이는 다른 존재다. 그 사실을 깨달으면 가족이 화목해진다. 아이와의 대화도 늘어난다. 인간 대 인간으로 서로를 대하기 때문이다. 한층 부드러워진 지수 아버지의 표정을 보며, 이제 그분도 행복한 삶을 찾았구나 싶었다.

14

부모가
지키면
아이도
따른다

미국 항공우주국, 즉 NASA가 스마트폰을 이용한 초소형 인공위성을 만들었다는 기사에 놀랐던 기억이 난다. NASA의 우주기술관리부장인 마이클 가자릭은 이렇게 말했다.

"스마트폰은 위성에 장착된 컴퓨터보다 100배 이상의 성능을 지녔습니다. 거기에다 고해상도 카메라, GPS 수신기, 심지어 라디오까지 갖추고 있지요."

요즘은 쉬는 시간에도 영재원 강의실이 조용하다. 가끔은 모여서 떠드는 아이도 있지만, 대부분 스마트폰을 들여다보며 시간을 보낸다.

무엇이 행복한 영재를 만드는가

뭔가 대화를 나누는가 싶으면 게임에 관한 이야기다. 상담 시간에 부모님들이 자주 입에 올리는 걱정도 스마트폰에 관한 것이다.

"아이가 틈만 나면 스마트폰을 꺼내 들어요. 대체 어떻게 해야 사용 시간을 줄일 수 있을까요?"

어머니가 이렇게 말하면 아이는 뾰족하게 반응한다.

"내가 뭘 그렇게 오래 봤다고…. 친구들은 나보다 훨씬 많이 봐. 그래도 나는 숙제 다 하고 보잖아."

그래도 이 정도면 아이와 의논할 가능성이 열려 있는 경우다. 문제는 이런 반응이다.

"왜 나만 갖고 그래? 엄마는 나보다 더하잖아!"

부모들이 바라는 건 한결같다. 아이가 좀 더 책을 읽고, 스마트폰 사용은 줄였으면 하는 것이다. 그런데 이런 말을 들으면 아이들은 억울해한다. 엄마 아빠는 스마트폰을 온종일 보면서 아이한테만 하지 말라고 하는 건 옳지 않다고 여기기 때문이다. 스마트폰이 생활의 중심이 되면서 어른들의 독서 시간도 부쩍 줄어든 건 사실이다. 일 년 동안 책을 한 권도 읽지 않는 성인의 비율이 절반을 넘어섰다는 조사 결과가 나올 정도니 말이다.

가족 안에서 규칙에 적용되는 잣대가 달라지면 금세 불만이 터져 나온다. 스마트폰도, 독서도 예외는 없다. 엄마 아빠는 동영상을 보면서 아이에게는 들어가서 책을 읽으라고 말하면 설득력이 떨어지기 때문이다. '어른이니까 괜찮다'는 말이 잠깐은 통할 수 있어도 결국은 반발을 불러일으킨다. 가족 사이의 규칙은 대화를 통해 만들 필요가 있다. 그리고 그렇게 만들어진 규칙은 모두에게 적용되어야 한다. 예외가 없어야 비로소 지켜야 할 이유가 생긴다.

그날도 상담 시간에 스마트폰 사용 문제가 화제에 올랐다. 어머니가 영 불만스러운 말투로 아이의 태도를 지적했다.

"슬기가 스마트폰을 손에서 놓으려 하질 않아요. 아무래도 의지가 부족한 것 같아요. 여러 번 타일러봤는데도 나쁜 습관이 고쳐지질 않네요."

어머니가 하는 이야기를 듣고 슬기의 얼굴이 붉어졌다. 화를 내는 거라 여겼는데, 웬일인지 두 눈에 눈물이 고이기 시작했다. 그런 슬기를 보고 어머니가 어이없다는 듯 핀잔을 주었다.

"네가 잘못해놓고 눈물은 왜 흘리니?"

무엇이 행복한 영재를 만드는가

"바깥에서 밥 먹을 땐 스마트폰 보면서 조용히 있으라며⋯."

슬기가 훌쩍이며 말을 이어갔다. 아이의 설명은 이렇다. 어릴 때부터 슬기의 가족은 외식을 자주 했다. 식구들끼리 먹을 때보다 다른 가족과 함께일 때가 많았다. 어른들의 대화가 길어지면 아이들은 자연스레 지겨워진다. 집에 가자고 보채면 엄마는 으레 스마트폰을 내밀었다.

"자, 이거 보면서 얌전히 있어."

그러면 슬기는 구석에 놓인 의자에 앉아서 동영상을 보거나 게임을 했다. 슬기 혼자만 그런 건 아니었다. 그 자리에 온 다른 집 아이들도 스마트폰을 하나씩 받아들고 한참을 들여다보았다. 어른들의 이야기가 끝날 때까지 말이다.

"그때는 엄마 아빠 편하려고 스마트폰 실컷 쓰라고 하더니, 왜 이제는 마음대로 빼앗으려고 해? 게다가 엄마가 정한 시간에만 휴대폰을 쓰면 과제를 할 수가 없단 말이야⋯."

친구들과 함께하는 조별 과제가 늘수록 스마트폰으로 소통할 일이 많아진다. 이런 사정을 고려하지 않고 단속부터 하려는 엄마에게 서

운함을 느낀 것이다. 슬기 어머니는 당황해하는 표정을 지었다. 아이가 여태껏 그런 생각을 품고 있었는지 전혀 알지 못했기 때문이다.

"난 장미를 책임져야 해."

앙투안 드 생텍쥐페리의 소설 『어린 왕자』에 나오는 말이다. 부모가 정성껏 키운 자녀에 대해 책임감을 느끼는 것은 자연스러운 일이다. 그렇다고 무조건 단속하는 것만이 능사는 아니다. 스마트폰 사용에 대해 규칙을 정해야 할 필요성을 느낀다면 가족이 다 함께 이야기를 나누는 시간이 필요하다. 그렇게 해서 사용 시간을 합의하면 엄마 아빠가 먼저 나서서 규칙을 지켜야 한다.

책임을 진다는 건 기쁜 일도 힘든 일도 함께 한다는 의미다. 저녁 식사를 마친 뒤 한 시간 동안 책을 읽기로 정했다면 부모가 먼저 책을 읽도록 하자. 그러면 아이가 책을 들고 곁으로 다가온다. 식사 시간에 대화를 나누기로 다 함께 정했다면 식탁 근처에서 스마트폰을 치우도록 하자. 잠시 전원을 꺼두는 것도 좋은 방법이다. 그렇게 부모가 나서면 굳이 잔소리하지 않아도 식사 시간이 즐거운 대화로 가득 찬다. 진리는 언제나 단순하다. 한 가지만 기억하면 된다. 부모가 지키면 아이도 따른다. 짧지만 중요한 원칙이다.

15

감사하는
태도가
하루를
바꾼다

예전에는 가끔 상담실 밖에서도 상담 진행을 했다. 거리 문제가 컸다. 아이들이 상담실까지 오는 게 힘들다고 판단될 경우, 내가 직접 그곳에 찾아가곤 했다. 그날도 고속버스를 타고 세 명의 아이들을 만나러 갔다. 세 아이가 모두 같은 도시에 살고 있었다. 약속 장소에 도착하니, 조금은 긴장한 표정의 아이들이 보였다. 편안한 분위기를 만들어 주려고 이것저것 이야기를 나누다가, 세 아이가 궁금해하는 것이 미래에 관한 주제라는 걸 알아차렸다.

"하고 싶은 일이 있어요. 그런데 무엇부터 해야 할지 고민이 돼요."
"미래 사회에서 제가 인정받을 수 있는 직업이 무엇일까 궁금해요."

"어른들이 자꾸 장래희망을 묻는데, 내가 뭘 잘하는지 모르겠어요."

직업을 정해놓은 아이도 있고, 직업에 관해 막연한 호기심만 가진 아이도 있었다. 세 아이 모두 구체적인 정보는 없는 상태라서 기본적인 탐색 방법부터 알려주었다.

"이게 커리어넷이고, 이건 워크넷이야. 진로 탐색에 도움이 될 자료가 많이 들어있지. 차근차근 살펴보면 내가 어떤 분야에 잘 맞는지, 흥미를 느끼는 직업은 무엇인지 알아볼 수 있어. 혹시 구체적인 직업이 궁금해지면 그런 정보도 찾을 수 있단다."

가져간 노트북으로 아이들이 정보 탐색을 하는 사이, 한 명씩 심층 상담을 했다. 주어진 시간은 길지 않았지만, 그 안에서 최대한 자세하게 아이를 파악하고 싶었기 때문이다.

첫 번째로 이야기를 나눈 민지는 과학수사연구원이 꿈이라고 했다. 아직 구체적인 계획은 없는 상태였다. 과학수사 분야에서 일하기 위해서는 어떤 전공을 선택해야 하는지, 그 전공을 공부하기 위해서는 어떤 고등학교가 유리할지, 그 고등학교에 입학하기 위해서는 어느 정도의 성적이 필요한지 정보를 구체적으로 알아볼 필요가 있었다.

두 번째로 마주 앉은 예중이는 변화하는 미래를 궁금해했다. 지금과는 달라질 그곳에서 자신이 어떤 모습으로 살아가야 할지 고민이 많았다. 인정받는 직업을 원하는데, 자신의 흥미는 아직 파악하지 못한 상태였다. 자신이 어떤 분야에 특기를 지녔고, 무엇을 할 때 즐거운지 구체적인 탐색이 필요해 보였다.

세 번째 상담 대상인 한서는 장래희망 이야기가 나올 때마다 움츠러든다고 했다. 벌써 미래 직업을 정해둔 아이들을 보면 부러운 생각도 들고, 자신이 너무 뒤처진 것 같아서 불안한 느낌이라고 말했다. 무엇부터 해야 할지 모르겠다는 한서에게 일단 자신에 대해 알아보자고 말을 건넸다.

세 아이와 이야기를 나누면서 공통으로 느낀 건 미래를 너무 막연하게 여기고 있다는 점이었다. 먼 미래도 '오늘'이 쌓여서 만들어진다. 지금 당장 무엇을 해야 할지 안다면 아이들의 하루하루가 좀 더 보람 있을 거라는 생각이 들었다. 과학수사연구원을 목표로 하는 민지는 자신이 가고자 하는 고등학교를 선택한 뒤 '오늘'의 공부 계획을 세워보자고 했다. 미래 직업이 고민인 예중이는 나에게 맞는 직업을 찾는 '오늘'의 탐색 계획을 세우는 게 좋겠다고 말했다. 장래희망을 생각하는 게 부담스럽다는 한서와는 무엇을 할 때 가장 즐거운지 '오늘'의 나를 찾아보기로 했다.

오고 가는 데 너무 많은 시간이 걸리는 곳이라 아이들을 다시 찾아오는 것은 현실적으로 무리가 있었다. 어떻게 하면 쉽고 꾸준한 과제를 줄 수 있을까 고민하다가, 문득 좋은 생각이 떠올랐다. 마침 근처에 문구점이 있어서 세 아이를 그곳에 데리고 갔다. 그리고 마음에 드는 공책을 한 권씩 고르라고 했다. 공책 표지에 '1분 감사일기'라는 제목을 써준 뒤 내가 말했다.

"앞으로 매일매일 이 공책에 일기를 쓰는 거야. 딱 1분이면 돼. 나의 미래를 위해 오늘 어떤 일을 했는지 떠올리는 거지. 그걸 해낸 나한테 감사의 마음을 느끼면서 말이야."

연분홍색 공책을 고른 민지에게는 과학수사연구원이 되기 위해 오늘 무엇을 해야 할지 생각하면서 하루하루를 살라고 했다. 공부 목표도 포함해서 말이다. 하늘색 공책을 고른 예중이에게는 자신에게 맞는 직업을 알기 위해 오늘 무엇을 할지 정하면서 하루하루를 살도록 했다. 직업이 정해지면 공부 목표를 세워보라고 말해줬다. 연노랑 공책을 고른 한서에게는 내가 어떤 사람인지, 무엇을 좋아하고 무엇을 잘하는지 탐색하는 하루하루를 살아보라고 말했다. 자기 탐색이 끝나면 직업 탐색을 해보고, 직업이 정해진 뒤에는 공부 목표도 세워보라고 했다.

세 아이가 감사일기를 꾸준히 쓰고 있다는 이야기를 가끔 부모님들께 전해 들었다. 그리고 몇 년 뒤 반가운 소식이 날아들었다. 한 아이가 서울대학교에 입학했다는 소식이었다.

"내게 세상을 볼 수 있는 사흘이 있다면, 첫째 날은 사랑하는 사람의

무엇이 행복한 영재를 만드는가

얼굴을 볼 것이다. 둘째 날은 어둠이 걷히고 아침이 찾아오는 기적의 순간을 보리라. 셋째 날은 사람들이 오가는 평범한 거리의 풍경을 보고 싶다."

헬렌 켈러가 남긴 유명한 말이다. 그녀는 어린 시절에 병을 앓아서 듣지도, 보지도 못하는 상태가 되었다. 앤 설리번 선생님을 만나서 읽기와 말하기를 배우게 된 뒤 대학을 졸업하고 작가이자 교육자의 삶을 살았다. 현재와 미래를 다르게 생각하는 사람이 많다. 하지만 미래는 오늘이 꾸준히 쌓여서 마침내 다가오는 순간이다. 아이들에게 감사일기를 쓰게 한 것도 바로 그런 이유에서다. 감사하는 태도가 하루를 바꾸고, 그렇게 바뀐 하루가 나만의 미래를 만든다. 헬렌 켈러가 평생 바랐던 기적의 순간을 우리는 매일 누리며 산다. 그 감사함을 마음에 품는다면 우리의 삶도 어느새 행복으로 물들 것이다.

CHAPTER 4

삶은
온전히
아이의
몫이다

16

배려 깊은 아이가
세상을
넓게 본다

그동안 많은 아이를 만났다. 그 가운데 기억에 남는 두 아이가 있다.

한 아이가 혼자서 상담실을 찾았다. 보통은 부모님이 함께 오신다. 자녀가 영재원에 다니다 보니 아무래도 교육 문제에 관심이 높은 편이다. 어머니가 바쁘신 탓에 상담에 참석하지 못했다고 아이는 차분하게 설명했다. 한눈에 보기에도 나이보다 의젓한 아이였다.

"그래, 성준이는 어떤 게 가장 궁금하니?"

"특목고를 목표로 하고 있는데, 이 정도면 잘 준비한 건지, 아니면 더 필요한 게 있는지 알고 싶어요."

아이가 가져온 생활기록부와 자기소개서를 차근차근 살피며 준비

무엇이 행복한 영재를 만드는가

상황을 확인해 나갔다. 한창 이야기를 하고 있는데, 성준이가 조심스레 물었다.

"궁금한 게 있는데, 잠시 여쭤봐도 될까요?"
"그럼, 물론이지."
"저희 반에 형편이 어려운 아이가 있어요. 제가 장학금을 받는데, 그걸 친구와 나누고 싶어요. 그 친구의 마음이 다치지 않도록 남몰래 도울 방법이 없을까요?"

가슴에 따스한 기운이 번져가는 느낌이 들었다. 성준이의 가정환경도 그리 부유한 편은 아니었다. 한부모 가정이라 어머니가 직장 생활을 하며 홀로 성준이를 키우고 계셨다. 넉넉하지 않은 형편에서 자신의 몫을 나누고 싶다고 이야기한 것이다.

"장학금을 지급하는 재단에 연락해보면 어떨까? 담임선생님께 여쭤보는 것도 좋을 것 같고."

아이가 기뻐하며 고개를 끄덕이는 걸 보고 대견하다는 생각이 들었다. 자라면서 어머니에게 좋은 영향을 많이 받았을 거란 생각이 들었다. 성준이가 어떤 어른으로 성장할지 눈앞에 환히 보이는 듯했다.
기억에 남는 또 다른 아이는 규하로, 보육원 생활을 하고 있었다. 형편이 어려워진 부모님이 어린 규하를 보육원에 맡겼다고 했다. 그 뒤로 연락이 끊어지는 바람에 내내 부모님 소식을 듣지 못했다. 그런 가운데서도 규하는 착실히 성장했고, 학교에서 좋은 성적을 유지했다.

"대학 진학을 준비하고 있다고 했지?"

상담실을 찾은 규하에게 궁금한 것이 무엇인지 물었다. 수시모집이 얼마 남지 않은 상황이라, 입시 관련 질문이겠다 싶었다. 규하는 준비해온 자기소개서를 꺼냈다.

"자료를 참고해서 열심히 써보긴 했는데, 아직 부족한 부분이 많은 것 같아요. 어떻게 수정하면 좋을지 여쭤보려고요."

자기소개서에 관해 의논하다가, 왜 그 대학을 선택했는지 물어보았다. 그랬더니 규하가 머뭇거리며 대답했다.

"보육원 아이들은 18살이 되면 대부분 자립을 해요. 그 대학이 자리잡은 지역은 우리 보육원 친구들이 주로 취업을 하는 곳이에요. 제가 대학생이 되면 친구들보다 시간적 여유가 있을 테니까 밥이랑 빨래 같은 걸 도울 수 있을 거예요. 나중에 보육원 동생들이 오게 되면 함께 챙겨주려고요."

무엇이 행복한 영재를 만드는가

문득 눈시울이 뜨거워졌다. 그 나이면 자기 앞가림도 하기 힘들 시기인데, 함께 자란 친구와 동생들을 챙기는 마음이 기특했다. 그 모습을 보며 규하가 앞으로도 나누고 배려하는 삶을 실천해 나갈 거란 생각이 들었다.

일 년에 한두 번씩 영재원 바깥에서 특강을 할 때가 있다. 영재원에 관심을 두고 있는 초등학생이 경험 삼아 수업을 들어볼 기회다. 한창 수업을 진행하고 있을 때 한 아이가 눈에 들어왔다. 집중하는 모습에 저절로 눈길이 갔다. 수업이 끝난 뒤, 참가한 아이들에게 기념품과 간식을 나눠주었다. 조금 뒤 강의실 문을 나서는데, 복도에서 그 아이가 누군가와 이야기를 나누고 있었다.

"아까 출출하다고 했지? 이거 먹어. 형이 너 주려고 챙긴 거야."

같은 초등학교에 다니는 후배인 모양이었다. 아이들한테 나름 인기가 높은 간식이라 먹고 싶은 만도 한데, 자신보다 나이 어린 아이에게 상냥하게 건네는 모습이 기억에 남았다. 일 년 뒤 그 아이를 영재원에서 만났다. 상담을 마치고 자리에서 일어서는 아이에게 나직이 말을 건넸다.

"찬영이는 분명 훌륭한 어른이 될 거야. 선생님은 네가 얼마나 멋진 사람인지 알거든."

영문도 모른 채 환히 웃는 아이에게 나도 빙그레 웃어주었다. 해 줄 수 있는 말은 그게 전부였지만, 그 아이가 보여준 예쁜 마음을 그렇게 라도 격려하고 싶었다. 누군가를 배려하는 마음은 상대의 입장에 서 보는 자세에서 나온다. 그렇게 나와 남의 경계를 허물면 세상을 바라 보는 시야가 넓어진다. 배려 깊은 아이가 훌륭한 어른으로 성장하는 이유다. 이기적인 사람은 결코 알 수 없는 삶이 펼쳐지는 것이다.

3월 20일은 국제 행복의 날이다. UN 산하 기관인 지속가능발전해 법네트워크는 매년 이날에 각 나라의 행복지수를 발표한다. 매년 관 심 있게 살피지만, 우리나라의 행복지수는 거의 변함이 없다. 매번 순 위도 낮은 편이다. 행복지수를 조사할 때 나라별로 설문을 하는데, 심 리학자 로스웰과 상담사 코언이 만든 조사 항목이 자주 사용된다. 대 략 이런 내용이 담겨 있다.

1. 나는 변화와 고난에 잘 적응한다.
2. 나는 긍정적이고 우울에서 잘 벗어난다.
3. 나는 돈, 건강 등 내가 가진 조건에 만족한다.
4. 내게는 가까운 친구와 몰두할 일이 있다.

무엇이 행복한 영재를 만드는가

내용을 이렇게 바꿔보면 어떨까 싶다. 이걸로도 충분히 행복할 수 있으니 말이다.

1. 나는 바뀔 수 있다.
2. 나는 웃을 수 있다.
3. 나는 내가 가진 모든 것에 감사한다.
4. 나는 지금 살아 있다.

17

긍정적인
한 마디가
삶을 바꾼다

영재원 수업시간에 자주 다루는 주제가 있다. 바로 '미래'다. 앞으로
사회가 어떻게 변해갈지, 그 안에서 우리는 어떤 역할을 할 것인지 함
께 모여 이야기를 나눈다. 흥미로운 건, 정보의 방향성에 따라 아이들
의 생각이 달라진다는 것이다. 인공지능을 바라보는 두 가지 관점을
가르칠 때의 일이다.

"미래학자 레이 커즈와일은 인공지능이 인간의 삶을 풍요롭게 만들
거라 확신했어요. 인간의 힘으로 충분히 통제할 수 있다고 믿기 때문
이지요. 마치 핵무기처럼 말이에요. 인공지능은 무한한 잠재력을 지
니고 있어요. 인류가 그동안 해내지 못했던 많은 일을 가능하게 만들

겁니다."

이렇게 긍정적인 부분을 강조한 뒤 부정적인 전망은 짧게 언급했다. 그런 다음 자신이 상상하는 미래를 글과 그림으로 표현해 보라고 했다. 아이들의 표정은 벌써 희망으로 가득 차 있었다. 인공지능이 힘든 일을 대신하고, 과학을 발전시켜 인류가 행복하게 살아가는 모습이 자연스럽게 표현되었다. 한 주가 지난 뒤 다른 방향으로 수업을 이끌어보았다.

"세계적인 물리학자 스티븐 호킹은 인공지능이 인간의 삶을 망칠 거라고 했습니다. 아무 제약 없이 인공지능이 발전하면 결국 인간의 통제를 벗어날 거라고 생각했지요. 심지어 인공지능이 사람의 목숨을 해치거나 인류를 파멸시킬 거라고 믿는 사람도 많습니다. 암울한 미래가 우리를 기다리고 있다는 것이지요."

이렇게 어두운 미래를 강조한 뒤 긍정적인 의견은 간단하게 말했다. 그러고는 글과 그림으로 미래의 모습을 표현해 보도록 했다. 예상대로 암울한 미래가 강의실에 펼쳐졌다. 아이들은 인공지능이 세상을 지배하고, 인간이 노예처럼 살아가는 불행한 미래에 사로잡혔다. 이처럼 듣는 말에 따라 아이들의 생각은 달라진다. 이쯤에서 생각해 보자. 우리 아이들은 자신의 미래에 대해 어떤 말을 자주 들을까?

"영서한테 어떤 직업이 어울릴까 궁금해서요."

아이와 함께 상담실에 찾아온 어머니가 말을 꺼냈다. 머리끝부터 발끝까지 세련된 차림새가 돋보이는 분이었다. 아이에 관한 자료를 살펴보고 있는데, 어머니가 하나둘 불만을 쏟아냈다.

"영서가 과학에는 영 관심이 없어요. 수학만 잘해봤자 아무 소용이 없는데 말이에요. 좋은 직업을 가지려면 과학이 필수잖아요? 그래서 걱정이에요."
"의사가 되면 좋을 것 같은데, 지금 성적으론 어림도 없어요. 대체 무슨 생각으로 공부를 하는 건지 모르겠어요."
"아는 직업도, 관심 있는 분야도 없대요. 이런 아이는 대체 뭘 해야 경쟁력이 생길까요?"

어머니의 말에는 부정적인 표현만 가득했다. 영서를 쳐다보니, 표정이 잔뜩 굳어 있었다. 잠시 생각하다가, 어머니에게 한 가지 부탁을 했다.

"영서의 장점을 떠올리며 이야기를 한번 해 보시겠어요?"

영 익숙지 않은지 어머니는 한동안 머뭇거렸다. 잠시 후 조심스레 이야기를 시작했다.

"수학을 좋아하니까…, 숫자를 다루는 일을 잘 해낼 것 같아요."

"세상 돌아가는 일에 관심이 많아요. 혹시 성향이 인문학 쪽일까요?"

"아, 독서를 좋아해요. 추리소설을 열심히 읽더라고요."

영서의 표정이 어느새 밝아졌다. 우리 세 사람은 머리를 맞대고 차근차근 직업을 탐색해나갔다. 무엇보다 영서의 생각이 먼저였다. 아이가 흥미 있어 하는 분야를 뒤지다 보니 꼭 맞는 직업군을 발견했다. 응용통계, 그 가운데서도 빅데이터 관련 직업에 의견이 모였다. 영서도, 어머니도 기뻐하며 고개를 끄덕였다.

"대체 무슨 생각인지…. 그렇게 살면 뭐가 되겠니?"

어른들이 아이를 다그칠 때 빠지지 않고 등장하는 말이다. 내 아이를 사랑하는 마음은 변함이 없는데, 부모들은 자꾸만 부정적인 쪽으로 이야기를 몰아간다. 아이들을 기죽게 만드는 것이다. 잘하는 것보다 못하는 것에 초점을 맞추면 아이들의 마음은 바람 빠진 풍선처럼 쪼그라든다. 상담하면서 자주 듣는 질문이 있다.

"아이가 어떤 것에 집중해야 할까요? 잘하는 것과 좋아하는 것 가운데 무엇을 시켜야 할지 고민이에요."

부모님이 고개를 갸웃거릴 때 내가 건네는 대답은 한결같다.

"둘 다 해도 괜찮습니다."

좋아하는 일과 잘하는 일을 구별할 필요는 없다. 좋아하다가 그 일을 잘하게 되기도 하고, 잘하는 일을 계속하다가 결국 좋아하게 되기도 한다. 최근에는 융합이 대세라 좋아하는 일과 잘하는 일을 동시에 할 수 있는 경우도 많다. 굳이 선택하지 않아도 되는 것이다. 이렇게 자신이 선호하는 분야를 뚜렷하게 아는 건 좋은 신호다. 오히려 아이가 이런 말을 할 때 안타까운 생각이 든다.

"하고 싶은 일이 하나도 없어요."

직업에 대해 잘 모르는 경우도 많지만, 부모님이 아이의 단점을 자주 거론할 때 이런 반응이 잦다. 부정적인 미래를 떠올리다 보니, 자신감도, 흥미도 사라지는 것이다. 아이가 자신의 미래를 긍정적인 모습으로 상상하게 하려면 부족한 면보다는 잘하는 것에 초점을 맞춰야 한다. 그래야 행복한 미래를 꿈꾸게 된다. 아이는 생각보다 부모의 말을 오래 기억한다. 그게 어떤 이야기든 말이다. 그러니 기왕이면 응원의 말을 건네자. 부모의 긍정적인 한마디가 아이의 삶을 아름답게 물들인다.

18

때로는
흔들리는 시간이
필요하다

현수는 모든 게 불만이었다. 상담실에 와서도 처음부터 끝까지 불평만 늘어놓았다.

"이해할 수가 없어요. 저 같은 아이가 어떻게 영재원에 들어왔는지…."

"엄마 아빠랑 뭐 하나 맞는 게 없어요. 아예 따로 살고 싶어요."

"학교에서 마주치는 친구들도, 영재원 아이들도 모두 싫어요."

"어른이 되기 싫어요. 어차피 아무것도 안 될 것 같아요."

"보세요, 저는 구제 불능이에요."

아이는 아무런 의욕도 없어 보였다. 하다못해 몸을 움직이는 것, 대답하는 것조차 귀찮아할 정도였다. 그런 현수에게 한 가지 제안을 했다.

"만날 때마다 주제를 정해서 대화를 나눠보면 어떨까?"

다음번에 상담실에서 만날 땐 현수가 영재원에 들어올 수 있었던 이유에 관해 알아보자고 했다. 그때까지 현수도 생각해 보라고 말해주었다. 그렇게 아이를 돌려보낸 뒤, 나는 영재원 입학 서류를 살폈다. 꼼꼼하게 읽어본 뒤 몇 가지 표시를 해두었다. 한 주가 흘러서 다시 현수와 상담실에 마주 앉았다.

"그래, 영재원에 들어온 이유는 찾았니?"
"글쎄요…, 잘 모르겠어요."
"현수가 쓴 자기소개서를 읽어봤단다. 수학자가 되겠다고 했었지? 성적표를 살펴보니 다른 과목보다 수학 성적이 월등히 높더라. 그만큼 수학을 좋아한다는 뜻이 아닐까? 우리는 모든 걸 잘하는 학생을 원하는 게 아니란다. 수학이나 과학에 흥미를 갖고 열심히 노력하는 아이를 가르친단다. 면접 점수를 보니 태도 점수가 높았어. 현수가 했던 말이 영재원 선생님들에게 좋은 인상을 주었던 것 같아."

하나하나 사실에 근거해서 현수가 영재원에 받아들여진 이유를 자세하게 설명했다. 그다음 주에는 수업 내용이 대화의 주제가 되었다.

"지난 시간에 영재원 수업이 너무 어렵다고 했었지? 선생님이 아이들과 상담할 때 항상 듣는 말이 있어. 주위의 친구들은 다 아는 것 같은데, 자기만 모르는 것 같다고 말이야. 영재원 교육과정은 수학과 과학 분야의 다양한 심화학습으로 구성되어 있어. 배운 내용을 살피면서 현수의 관심 분야를 찾아보면 어떨까?"

다음 상담 시간에는 현수에 관한 이야기를 나누었다.

"요 며칠 동안 선생님이 친구들에게 물어봤어. 그랬더니 입을 모아 말하더라. 잘 드러나지 않지만, 현수가 정말 성실하다고. 멀리서 오는데 한 번도 수업에 빠진 적이 없다는 거야. 평소에 말은 없지만, 결정적일 때 중요한 아이디어를 내는 친구라고 했어. 같이 수업하면서 느낀 점이래."

그렇게 현수의 마음속에 자리 잡은 불만이 서서히 옅어져 갈 때, 비로소 미래 이야기를 꺼냈다.

"오늘부터 우리는 멋진 꿈을 꿔 볼 거야. 그 꿈은 반드시 생각한 대로 이루어진단다. 그러니까 마음껏 상상해 보렴."

"저는….."

"괜찮아. 선생님이 들어줄게. 다 이야기해봐."

현수는 조심스레 마음속에 품고 있던 이야기를 꺼냈다. 특목고에 입학하고, 카이스트나 포항공대에서 수학을 전공한 뒤, 유학을 가고 싶다고 했다. 인류가 풀지 못했던 난제를 해결하여, 수학 분야의 노벨상이라 불리는 필즈상을 받고 싶다고도 말했다. 그날 상담실 문을 나서는 현수의 뒷모습이 유난히 반짝이던 기억이 난다.

몇 년 뒤, 현수의 꿈은 정말로 현실이 되었다. 특목고에 들어가서 열심히 공부했고, 원하던 대학에 입학해 수학 분야에서 두각을 드러냈다. 어느 해 스승의 날, 현수가 내게 연락을 해왔다.

"선생님의 제자로서 부끄럽지 않은 어른이 되겠습니다."

그 말을 듣고 가슴이 벅차올랐다. 현수를 지켜보면서 아이들의 삶에 때로는 흔들리는 시간이 필요함을 알았다. 그 시기를 보낸 뒤 더 굳건한 미래를 쌓아갈 수 있음도 말이다. 혼란스럽던 시기를 이겨내고 스스로 성장하는 현수를 지켜볼 수 있었음에 지금도 감사한 마음이 든다.

인문학 강의를 하면서 역사 속 인물이 남긴 말에 다시금 감탄하는 경우가 많다. 그 가운데 다산 정약용 선생의 말씀이 기억에 남는다.

"시대의 아픔에 공감하고, 세상의 문제에 분노하라."

어느 시대든 아픔이 있고, 해결해야 할 과제도 많다. 세상에는 언제나 불합리한 일들이 존재한다. 이런 세상사에 아파할 줄 알아야 한다. 그저 남의 일이라고 미뤄두면, 우리가 이 시대를 살아가는 의미가 없을지도 모른다. 아이들에게 자주 들려주는 말이 있다.

"영화『기생충』을 만든 봉준호 감독이 전 세계의 찬사를 받게 된 이유는 무엇일까? 바로 빈부격차라는 우리 시대의 과제를 세상 사람들에게 다시금 깨닫게 해주었기 때문이란다."

시대를 아파하는 것에 그치지 말고, 해결책을 찾기 위해 애써야 한다고 아이들에게 강조하곤 한다. 어쩌면 그것이 진로교육에서 이야기하는 '사명'일지도 모르겠다. 정약용 선생은 이런 말도 남겼다.

"기꺼이 베풀고 그것을 즐겨라."

열심히 공부해서 재능을 키웠다면, 이제는 그 재능을 의미 있게 나

무엇이 행복한 영재를 만드는가

눌 방법을 찾아야 한다. 그 즐거움이 세상 어느 것보다 크다는 사실을 미래를 살아갈 우리 아이들이 알았으면 좋겠다.

19

실패도
훌륭한
경험이다

　누구보다 열심히 하는데도 원하는 결과를 얻지 못할 때가 있다. 윤호가 그랬다. 그 아이를 처음 본 게 초등학교 5학년 때였다. 놀고 싶을 만도 한데, 윤호는 언제나 올곧았다. 영재원 수업에 단 한 번도 빠진 적이 없고, 과제도 매번 성실하게 했다. 타고나길 머리가 좋은 아이인데다 노력까지 더해지니 학교 성적은 항상 상위권이었다. 자연스레 본인도, 부모님도 영재고나 과학고 진학에 기대가 컸다.

　시험 운이 없었는지, 윤호는 원하던 고등학교에 합격하지 못하고 집과 가까운 일반고등학교에 진학했다. 속이 상할 만도 했지만, 윤호는 학교생활에 정성을 다했다. 학교와 학원을 오가며 열심히 공부하고, 비교과 영역도 충실하게 채워갔다. 하지만 윤호는 대학 입시에서 만

무엇이 행복한 영재를 만드는가

족스러운 결과를 내지 못했다. 내신 성적이 좋았는데도 바라던 대학에 들어가지 못했고, 정시 결과도 기대에 못 미쳤다. 합격 통보를 받은 두 군데 대학 가운데 윤호는 한 곳을 선택했다. 그리고 수학과 신입생으로 대학 생활을 시작했다.

첫 번째 학기가 끝나갈 무렵, 윤호가 나를 찾아왔다. 상담실 문을 열고 들어서는데, 언뜻 봐도 얼굴에 고민의 흔적이 가득했다. 그동안 사춘기도 없이 바쁘게 살아온 아이가 뒤늦게 찾아온 방황으로 마음고생을 하고 있었다.

"지금껏 한눈을 판 적도, 게으름을 피운 적도 없어요. 그런데 왜 생각대로 되는 게 하나도 없을까요? 원하던 대학은 아니었지만, 수학을 공부할 수 있으니 괜찮겠다 싶었어요. 그런데 지금은 너무 혼란스러워요."

"뭐가 가장 힘이 드니?"

"전공이 저한테 안 맞는 것 같아요. 어느 정도 예상은 했지만, 대학에서 배우는 수학이 생각과 많이 달랐어요. 문제 풀이보다는 논리적 사고가 중요한데, 아무리 해도 적응하기가 힘이 들어요."

"그럼 어떤 전공에 흥미가 가니?"

"제 생각에는…, 화학이나 생물 쪽이 맞을 것 같아요."

목소리만 들어봐도 얼마나 고민이 많았을까 짐작할 수 있었다. 복수

전공이나 부전공을 해보면 어떻겠냐고 물었다. 윤호는 새로운 곳에서 다시 시작하고 싶다고 말했다. 우리 두 사람은 머리를 맞대고 도움이 될만한 방법을 찾기 시작했다. 수험생 생활을 시작하기 전에 일단 두 전공의 개론을 청강해보기로 의견을 모았다. 중요한 결정을 내려야 하는 만큼 꼼꼼하게 사전 조사를 해보기로 한 것이다. 그런 뒤 신중하게 학과를 고르기로 했다.

반년 후, 윤호는 새로운 대학에 들어갔다. 전공은 화학이었다. 어느 날, 윤호에게서 이메일이 왔다. 처음부터 끝까지 어쩜 이렇게 행복이 묻어나는지, 이제 자신이 있을 곳을 찾은 것 같았다. 수없이 겪어낸 실패 속에서 비로소 제자리를 발견한 것이다.

"생각해 보면 지금껏 겪은 실패가 저한테 꼭 필요했던 것 같아요. 그런 일을 겪지 않았다면 진정으로 원하는 걸 찾지 못했을 거예요."

어느새 마음의 키가 훌쩍 자란 윤호의 말이 가슴에 와닿았다. 문득 영재고에 떨어진 뒤 윤호가 했던 말이 떠올랐다.

"그렇게 오랫동안 준비했는데, 결국 실패했어요. 이런 제가 앞으로 뭘 해낼 수 있을까요?"

무엇이 행복한 영재를 만드는가

이제 윤호는 알게 됐을 거다. 목표를 못 이뤄도 노력은 사라지지 않는다는 것을. 성공과 실패는 눈앞에서 결정되는 게 아니라는 것을. 진정한 행복은 마음속에 자리 잡고 있다는 것을.

"자녀가 성공하길 원하세요? 아니면 행복해지길 원하세요?"

학부모 대상 특강을 할 때 자주 묻는 말이다. 그러면 대부분 아이가 행복했으면 좋겠다는 대답이 돌아온다. 그러면 다시 묻는다.

"자녀가 행복해지길 원하세요? 아니면 행복한 성공을 하길 원하세요?"

그러면 한 분도 빠짐없이 행복한 성공을 원한다고 말한다. 그러면 그쯤에서 '행복한 성공'의 뜻을 따져보는 시간을 갖는다. 일단 사전적 의미부터 살펴보기로 한다.

"사전에서 행복이라는 단어를 찾아보면 '생활에서 충분한 만족과 기쁨을 느끼는 상태'라고 쓰여 있습니다. 심리학에서는 행복을 일종의 즐거움으로 보는데, 이 즐거움은 만족감에서 옵니다. 그렇다면 삶의 만족감은 도대체 어디서 오는 걸까요? 바로 '삶의 의미'에서 옵니다. 결국 행복이란 '삶의 의미를 통해 느끼는 만족과 기쁨'이라고 할 수 있지요. 그럼 이번에는 성공에 대해 알아볼까요?"

이쯤 되면 듣는 분들도 다들 귀를 쫑긋 세운다. 행복과 성공은 시대를 막론하고 누구에게나 절실한 과제이기 때문이다.

"성공의 사전적 의미는 '목적하는 바를 이룸'입니다. '이루다'의 어원을 찾아 들어가면 히브리어에서는 '참고 기다림'으로, 라틴어에서는 '진행 중인 것'으로 나옵니다. 결국 성공이란 '참고 기다리며 계속 진행하는 것'이라 할 수 있지요."

마지막으로 행복한 성공의 정의를 내리며 강의를 마무리한다. 바로 '삶에 의미가 되는 일을 꾸준히 이어가는 것'이라고 말이다. 아이를 키울 때 우리는 실패 없는 평탄한 삶을 선물해주고 싶어 한다. 그러면서 어떻게든 시행착오를 줄이려 애쓴다. 하지만 거듭된 실패 끝에 비로소 행복한 성공이 찾아온다. 실패야말로 삶에 의미를 주는 선물이기 때문이다. 실패도 훌륭한 경험이다. 이 사실을 기억한다면 내 아이의 삶이 한층 풍요로운 모습으로 채워질 것이다.

20

걸음마를 떼야
달리기도
할 수 있다

영재원 아이들은 주로 특목고나 영재고 진학을 목표로 삼는다. 진로 상담을 하면서 빼놓을 수 없는 것이 자기소개서 작성이다. 어떤 아이든 그런 글을 쓰는 시간을 힘들어한다. 무엇을, 어떤 방식으로, 어떻게 써야 할지 모르기 때문이다. 그래서 고민 끝에 수업을 열었다. '자기 발견을 위한 포트폴리오 설계'라는 수업이었다.

일단 아이들이 기본적으로 살펴야 할 것들을 소개했다. 가고자 하는 학교와 원하는 직업을 탐색하는 법을 알려줬다. 그리고 자기소개서에 제시된 각 문항이 어떤 의미를 지니고 있는가도 설명해 주었다. 이 수업을 열면서 특별히 강조한 부분이 있다. 바로 목적이다. 특목고 진학을 위함이 아니라, '자기 발견'을 위한 수업임을 분명히 한 것이다. 살면서 어떤 가치관을 선택할지, 흥미와 적성은 어떻게 찾을지, 직업을 통해 무엇을 실현할지, 인류에 공헌할 방법은 무엇인지 알아가는 것이 이 수업의 목적임을 알려주었다.

수업을 진행하면서 아이들의 생각이 얼마나 막연한지 새삼 느꼈다. 일단 학교에 대해 아는 것이 별로 없었다. 그 학교가 어떤 목적으로 세워졌는지, 교육과정은 어떤 점이 특별한지, 졸업생은 주로 어떤 전공을 선택하는지, 기본적인 정보도 파악하지 못한 상태였다. 당연히 그 학교를 선택한 이유를 설명하기 힘들 수밖에 없었다. 먼저 아이들이 써낸 자기소개서를 차근차근 살피기로 마음먹었다.

"민석아, 담임선생님의 권유로 특목고 진학을 결심했다고 했지? 물론 시작은 그랬지만, 중요한 것은 네가 스스로 그 학교를 결정했다는 사실이야. 바로 그 이유가 진학 동기가 되어야 해."

"은수야, 이 학교의 장점에 대해 네가 많이 알까? 아니면 글을 읽게 될 그 학교의 입학사정관이 많이 알까? 자기소개서는 자신의 이야기를 담는 글이야. 학교의 장점을 나열하면 안 된단다. 은수의 꿈을 이루는 데 이 학교가 어떤 도움이 될지 먼저 생각해 보렴."

"정원아, 특목고를 졸업하고, 대학에 들어가고, 석사학위와 박사학위를 취득한 뒤 학생을 가르치겠다는 것이 과연 정원이만의 계획일까? 그건 너무 일반적인 진로란다. 나만이 해 나갈 수 있는 진로 계획이 필요해. 우선 특목고에 들어간 뒤 무엇을 하고 싶은지부터 설명하

무엇이 행복한 영재를 만드는가

고, 대학에서 무엇을 전공하고 싶은지, 왜 그 학문이 자신과 맞는다고 판단했는지, 앞으로 무엇을 중점적으로 공부할 것인지, 졸업 후 어떤 길을 가려고 하는지, 정원이만의 이야기를 담아야 한단다."

자기소개서를 작성한 뒤에는 발표하는 시간을 가졌다. 한 명 한 명 발표할 때마다 세심하게 짚어서 이야기를 해주었다. 그래야 나머지 아이들이 차근차근 배워갈 수 있기 때문이다. 구체적인 이야기를 해 줄수록 더 큰 도움이 된다.

"이 학교의 교훈은 '성실탐구'란다. 꿈을 이루는 과정에서 이 교훈이 자신의 가치관과 어떻게 연결될지 고민해 보렴."

"자기소개서에 언급한 이론이 너의 학문적 깊이를 드러내는 데 정말 효과적일까? 이왕이면 이 학교에서 강조하는 '융합'과 어울리는 이론 을 제시하는 게 어떨까?"

"여러 가지 경험을 말하지만, 이 가운데 네 실력이 구체적으로 드러 나는 경험이 있을까? 과정, 어려움, 결과, 나만의 생각이 정리된 내용 은 없는 것 같은데?"

자세한 설명을 들으며 아이들은 차츰 성장해갔다. 자기소개서가 어 느 정도 마무리된 후, 모의 면접을 진행했다. 실제에 가깝게 운용하다 보니 아이들이 긴장하는 모습이 보였다. 이번에도 문제점을 상세하게 짚어주었다.

"기호야, 조금 더 차분하게 말을 해보렴. 그러면 네 능력이 드러날 거야. 진지한 모습을 보일 때 면접관이 감동한단다."

처음엔 힘들어했지만, 기호는 모의 면접 시간을 통해 자신의 장점을 발견해나갔다. 그리고 원하는 특목고에 무난히 합격할 수 있었다. 나중에 기호가 쓴 글을 읽었는데, 영재원 수업 가운데 모의 면접을 가장 기억에 남는 시간으로 손꼽았다.

고등학교 입시는 어떤 아이든 처음 해보는 경험이다. 그러니 서툴고, 당황스럽고, 실수하는 게 당연하다. 기본부터 하나하나 배워가면서 자기소개서를 채워가고, 면접 태도를 익히고, 자신만의 장점을 찾는 과정이 필요하다. 걸음마를 떼야 달리기도 할 수 있다. 아직 일어서지도 못하는 아이에게 뛰는 걸 요구할 수는 없다. 차근차근 섬세하게 아이들을 가르쳐야 하는 이유다.

율곡 이이 선생의 『격몽요결』에 좋은 글귀가 나온다. 살면서 우리가 지켜야 할 세 가지를 언급하는데, 아이를 키우는 부모에게도 해당하는 내용이다. 첫째로는 살면서 중요한 한 가지를 바로 세우라 하였다. 부모가 지녀야 할 가치관을 말하는 것이다. 부모의 가치관이 올바르면, 아이도 그것을 보며 인생을 올곧게 살아낼 수 있다. 둘째로는 옳

무엇이 행복한 영재를 만드는가

고 그름을 판단하라 하였다. 부모에겐 항상 올바른 판단 기준이 있어야 한다. 그래야 무엇이 옳고, 그른지 아이도 제대로 선택할 수 있다. 셋째로는 옳다고 여기면 실천하라 하였다. 옳은 것을 알았다면 그것을 행동으로 옮기는 것도 중요하다. 부모가 옳음을 실천해 나간다면, 아이 또한 올바른 어른으로 성장할 수 있다.

자칫 무겁게 느껴질 수 있지만, 세 가지가 가리키는 방향은 하나다. 기본의 중요성을 강조한 것이다. 아이를 키우는 건 부모에게도 매번 낯선 일이다. 어떻게 해야 할지 모르겠다면, 아이와 대화를 시작해보자. 아이들은 부모의 생각보다 올곧고 의젓하다. 부모가 잊고 지낸 가치를 오히려 아이가 알려주기도 한다. 기본의 소중함을 함께 확인해 나간다면, 아이의 삶도, 부모의 삶도 무럭무럭 큰 나무로 성장할 것이다.

자격 있는
부모로
성장하는
워크북

만약 내가 5분 후에 죽는다면, 지금 무엇을 하겠습니까?

가족에게 어떤 말을 남기고 싶나요?

　지금부터 자녀를 위한 부모 자격을 준비하는 시간을 가져보겠습니다. 이 시간은 '나'를 찾는 특별한 여정이기도 합니다. 이 과정을 통해 충실한 나를 발견하고, 행복한 부모의 자격을 갖추게 될 것입니다.

Part 1

나는
누구인가?

01

나의 역할,
나의 기억

'만다라트'란 독특한 모양의 표로, 나를 기록하는 양식입니다. 한가운데에 목표를 적고, 그 주변에 목표를 이루기 위한 실천 방법을 작성합니다. 마치 연꽃과 같은 모양이라고 하여, '연꽃 기법'이라고 부르기도 합니다. 오늘은 이 만다라트를 내 위치를 한눈에 파악할 수 있는 도구, 즉 '나를 발견하는 만다라트'로 활용해 보겠습니다. 먼저 예를 볼까요?

무엇이 행복한 영재를 만드는가

어머니	막냇동생	아버지	딸	아내	집안일	장모님	장인어른	병
둘째동생	큰아들	집안어른	경제문제	아버지	시간	처남가족	사위	아픔
경조사	포기	준비	책임	계획	참을성	경제	미국친척	준비
기획	연구	후배양성	큰아들	아버지	사위	교육	상담	연구
선배	작가	양심	작가	나	영재전문가	개발	영재전문가	회장
커뮤니티	발굴	사회적책임	스승	인성교수	봉사자	학부모	학회	타분야교류
제자	상담	투자	교사양성	개발	연구	장학	해외봉사	은평
계획안	스승	비전	제안서	인성교수	강의	대안학교	봉사자	열정
눈물	좌절극복	모범	선행	미팅	사회적책무	보육원	기도	죽음교육

만다라트를 통해 '나'의 역할을 파악할 수 있습니다. '나'는 가족 안에서는 누군가의 큰아들, 누군가의 아버지, 누군가의 사위입니다. 큰아들의 위치에서 중요한 키워드를 알아볼까요? 아버지, 어머니, 둘째 동생, 막냇동생, 집안 어른이 등장하고, 경조사라는 단어도 있습니다. 큰아들로 살아가며 준비할 일도, 포기할 일도 많은 것 같습니다.

아버지의 역할에서는 무엇이 보일까요? 아내와 딸이 등장합니다. 가장으로서 향후 계획이 중요한 것 같고, 집안일, 경제 문제, 책임, 시간도 보입니다. 아버지로서 살아갈 때 참을성도 꼭 필요한가 봅니다.

사위의 역할도 살펴볼까요? 키워드를 보니, 장인어른, 장모님, 처남 가족, 미국 친척이 등장합니다. 그리고 사위로서 준비할 것이 있나 봅니다. 경제적인 문제도 중요하게 다뤄지고 있네요. 연로하신 어른들의 병도 신경 써야 하고, 남모를 아픔도 있는 것 같습니다.

다음 역할을 볼까요? 작가이며 영재 전문가로도 활약하고 있습니다. 인성 교수라는 말도 보이고, 제자와의 관계를 소중하게 여기는지 스승이란 단어도 등장합니다. 봉사자의 삶도 중요하게 다뤄지고 있네요.

만다라트에 자신의 모습을 채워나가면 이렇게 삶을 돌아볼 수 있습니다. 일단 내가 어떤 역할을 하는지 8가지로 구분합니다. 그리고 각각의 역할에서 무엇이 중요한지 8개의 키워드로 표현합니다. 구체적으로 써도 되고, 간단한 단어로 표현해도 됩니다. 지금부터 '나'를 발견하는 시간을 가져볼까요? 만다라트의 빈칸을 채워보세요.

무엇이 행복한 영재를 만드는가

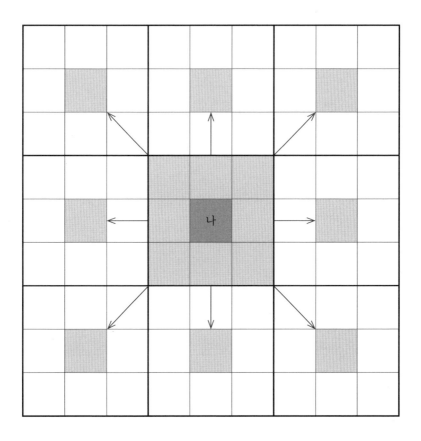

만다라트를 채우면서 어떤 기억이 떠올랐나요? 잊고 있던 꿈이 생각나진 않았나요? 누군가의 부모, 누군가의 자식, 누군가의 배우자. 이 역할 말고도 삶에서 내게 중요한 것이 있을 것입니다. 만다라트를 보며 자신을 소개하는 글을 써봅시다. 제목은 '나는 누구인가?'입니다.

나는

무엇이 행복한 영재를 만드는가

02

|

내가
지키는
가치

　누구나 살면서 중요하게 여기는 가치가 있습니다. 가치란 자신이 바람직하다고 여기는 삶의 기준을 말합니다. '효도'를 중요한 가치로 여기는 사람은 모든 선택에서 부모님을 최우선으로 고려할 것입니다. '정직'을 중요하게 여기는 사람은 거짓말을 절대 하지 않겠지요. 가치는 종종 삶의 구심점이 되어줍니다. 내가 중요하게 여기는 가치는 무엇인가요? 그 가치는 왜 중요할까요?

나의 가치 (인생단어)	
이 가치를 중요하게 여기는 이유	

예) 사람들이 중요하게 여기는 가치

감사, 겸손, 공평, 관용, 믿음, 배려, 보람, 사랑, 성실, 경청, 약속, 양심, 예의, 용기, 유머, 인내, 정직, 존중, 책임, 친절, 행복, 최선, 자신감 가치를 찾았다면, 이제는 좌우명을 정해 볼 차례입니다. 좌우명이란, 곁에 두고 가르침으로 삼는 말을 뜻합니다. 가치를 좌우명에 담을 수 있다면 더욱 멋지겠지요.

나의 좌우명	
이렇게 정한 의미와 이유	

예) 가치와 좌우명

감사 : 삶이 내게 울어야 하는 백 가지 이유를 던질 때, 감사할 수 있는 천 가지 이유를 찾아라.

경청 : 말이 길어지면 쓸데없는 이야기가 나온다. 입은 닫을 수 있지만, 귀는 닫을 수 없다.

성실 : 시간은 인간이 쓸 수 있는 가장 소중한 것이다. 한순간도 소홀히 하지 말자.

인내 : 인내는 쓰지만, 열매는 달다.

최선 : 될 때까지 해보자. 안 되는 일은 없다.

무엇이 행복한 영재를 만드는가

지금까지 나의 가치와 좌우명을 찾아보았습니다. 그렇다면 나의 가족이 중요하게 여기는 가치와 좌우명은 무엇일까요? 한 사람씩 물어보고 여기에 적어보세요. 아직 없다면, 이 기회에 생각해 보도록 응원해 주세요.

가족 구성원	가족의 이름	가족의 이름	가족의 이름	가족의 이름
내가 짐작한 가치				
본인이 말하는 가치				
내가 짐작한 좌우명				
본인이 말하는 좌우명				

이제 본격적인 대화를 나눠볼 시간입니다. 가족 구성원의 가치와 좌우명을 확인했으니, 모두 함께 마음에 새길 '가훈'을 정해 보도록 하지요. 가훈은 한집안의 어른이 자손에게 전하는 가르침을 말합니다. 요즘에는 가족이 대화를 통해 많이들 가훈을 정한답니다.

가훈에 관한 가족들의 대화

무엇이 행복한 영재를 만드는가

우리 가족의 가훈	
이렇게 정한 이유	

"나는 오늘부터 우리 가족의 가훈을 항상 마음에 새기고,
늘 지켜나갈 것을 다짐합니다."

년   월   일

가족의 서명 :

Part 2

나의 행복과
가족의 행복

01

행복한 관계

　먼저 가족의 사전적 의미를 살펴볼까요? 가족이란 혈연, 혼인, 입양 등으로 맺어져 생활을 함께하고 일상을 공유하는 공동체를 말합니다. 일상이 공유되는 관계다 보니 이보다 가까울 수 없습니다. 문제는 나와 너의 구분이 흐릿하고, 경계가 무너져서 힘든 관계가 되기도 한다는 것입니다. 특히 부모 자녀 관계가 그렇지요.

　교육전문가들은 자식을 '귀한 손님' 대하듯 하라고 말합니다. 집에 귀한 손님이 오셨다고 생각해 보세요. 첫째, 아주 기쁘게 환영할 것입니다. 둘째, 극진히 대접할 것입니다. 그러면서도 아무런 대가를 바라지 않겠지요. 셋째, 모든 걸 이해할 것입니다. 특히 우리 가정의 문화와 규칙을 모르니 손님의 다름을 온전히 받아들이겠지요. 마지막으

무엇이 행복한 영재를 만드는가

로, 때가 되면 보내야 한다는 것을 알 것입니다. 시간이 지나면 아무리 귀한 손님도 자연스레 떠나야 하니까요. 이 마음으로 자녀를 대하면 행복이 성큼 가까워질 것입니다. 행복한 가족을 만들기 위해 나는 어떤 마음을 갖고 있나요? 한번 정리해 볼까요?

행복한 가족을 만들기 위한 나의 마음과 자세

이제는 사랑에 관해 생각해 볼 차례입니다. 가족이 주고받는 사랑은 자칫 어긋나기 쉽습니다. 내가 주는 사랑만큼 돌려받지 못한다고 여길 때가 많기 때문입니다. 온전한 사랑을 나눌 방법은 무엇일까요? 가족 사이의 사랑을 L.O.V.E.로 설명해보겠습니다.

L. long responsibility. 긴 책임감을 가질 필요가 있습니다. 현재와 미래, 그리고 죽음으로 이별하는 순간까지 생각하고, 결정하고, 행동해야 합니다.

O. one side. 한 방향으로 일방적임을 인정해야 합니다. 내가 부모에게 받은 사랑은 자녀에게 흘러갑니다. 이렇듯 내 자녀의 사랑도 자신이 선택한 사람, 그리고 자식에게 향할 것입니다.

V. values. 가족은 서로의 가치를 존중해야 합니다. 상대가 중요하게 여기는 가치를 인정할 때 가족의 사랑이 굳건해집니다.

E. encourager. 가족은 서로를 격려해야 합니다. 세상 모든 사람이 아니라고 고개를 저어도, 자신을 믿어주는 단 한 사람이 있다면 용기를 낼 수 있습니다.

이제 나를 돌아볼 시간입니다. 내가 생각하는 사랑은 어떤 모습인가요? 어떻게 사랑해야 가족이 행복할 수 있을까요?

무엇이 행복한 영재를 만드는가

내가 생각하는 가족 사이의 사랑

02

비전선언문

가치와 좌우명이 삶의 기준이라면, 비전은 내 삶의 여정을 안내합니다. 비전은 다음 세 가지 의미를 담고 있습니다. 첫째, 미래를 명확히 보는 것. 둘째, 자신이 무엇을 해야 하는지 아는 것. 셋째, 해야 할 일을 실천해 나가는 것.

켄 블랜차드는 『칭찬은 고래도 춤추게 한다』로 세계적인 베스트셀러 작가가 되었습니다. 그의 책에 이런 말이 나옵니다.

"비전은 자신이 누구이고, 어디로 가고 있으며, 무엇이 그 여정을 인도하는지 아는 것이다."

무엇이 행복한 영재를 만드는가

꿈과 목표는 그것을 이루면 끝이 나곤 합니다. 그런데 비전은 계속해서 삶의 방향을 제시하고, 새로운 목표를 설정하도록 돕습니다. 비전이 삶의 안내자이기 때문이지요. 삶이 계속되는 한, 비전도 계속되는 것입니다.

이제 나의 비전을 찾아낼 시간입니다. 예전에 어린이를 위한 비전 책을 낸 적이 있습니다. 비전을 쉽게 찾도록 3단계로 나누어 설명했지요.

1단계 "어떤 직업을 갖고 싶은가?"   → 나의 위치와 장래희망
2단계 "무엇을 해내고 싶은가?"   → 나의 역할
3단계 "이루고 싶은 가치는 무엇인가?" → 나의 소명과 가치

여기 한 사람의 비전을 예로 들어보겠습니다.

나는 교육자로서 (위치)
다양한 교육 프로그램을 개발하여 (역할)
다른 이들의 의미 있는 삶을 위한 밑거름이 될 것이다. (소명)

나의 비전은 무엇인가요? 지금부터 비전 작성법을 알아보도록 하지요.

비전 작성 시 순서를 바꾸어 생각해도 됩니다.

1. 나의 소명이나 가치는 무엇일까?

"사람들이 의미 있는 삶을 살도록 돕고 싶다."

2. 그 가치를 실현하기 위해 무슨 일을 하면 좋을까?

"교육 프로그램을 개발하면 되겠구나."

3. 그 일을 해내려면 어떤 직업이 어울릴까?

"이 일을 하려면 교육자가 되는 게 좋겠어!"

결과물

다른 이들의 의미 있는 삶을 위한 밑거름이 되기 위해 (소명)

다양한 교육 프로그램을 개발하는 (역할)

교육자가 될 것이다. (위치)

이제 나의 비전을 세워보세요

이제 부모로서의 비전을 찾아보겠습니다.

나는 한 사람의 부모로서 (위치)

자녀와의 관계를 통해 (역할)

자녀가 이런 삶을 살도록 도울 것이다. (소명)

예를 함께 볼까요?

나는 지수의 부모로서

지수와의 지속적인 대화를 통해

삶을 흔들림 없이 걸어가도록 도울 것이다.

부모로서 나의 비전

비전을 찾았다면 이제 선포를 하겠습니다. 사람들에게 널리 알려 가슴에 새기는 과정입니다. 가족 앞에 서서 한 손을 올린 뒤 비전선언문을 읽습니다. 크고 또렷한 목소리로 나의 비전을 선포해 보세요.

제   호

비전선언문

과정 :

이름 :

년   월   일

비전을 선포한 날짜를 잘 기억해두세요. 그리고 1년 뒤, 비전선언문을 다시 읽어봅니다. 내가 세운 비전을 되새기며 한 번 더 비전을 선포해 보세요. 새로운 비전을 세워도 좋습니다.

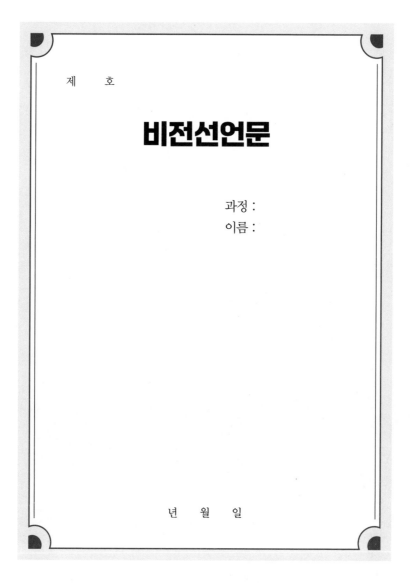

제 호

비전선언문

과정 :
이름 :

년   월   일

Part 3

나의 미래와
가족의 미래

01

꿈의 목록이란?

　탐험가이며 인류학자였던 존 고다드는 '꿈의 목록'을 작성한 것으로 유명합니다. 어린 시절, 그는 어른들의 이런 말을 자주 들었습니다.

"그때 그 일을 할 걸 그랬어. 이렇게 후회할 줄 몰랐지."

　그는 꿈의 목록을 적기 시작했고, 어느새 127개에 이르렀습니다. 그는 하나씩 실천해 나갔고, 무려 111개의 꿈을 이뤘습니다. 그 후에도 꿈의 목록을 계속 적어 나갔지요. 나중에는 500개의 꿈을 더 이루었다고 합니다.

이제 꿈을 떠올려볼 시간입니다. 나의 꿈은 무엇인가요? 또, 가족과 함께 이루고 싶은 꿈은 무엇인가요?

꿈의 목록에는 '플라세보 효과'와 '공개선언 효과'가 있습니다. 플라세보 효과는 믿음이 주는 강력한 효과로, 좋아질 거라는 믿음이 있으면 가짜 약을 먹어도 증상이 호전되는 것을 말합니다. 꿈의 목록도 강력한 믿음이 있다면 반드시 이루어집니다. 많은 사람에게 공개적으로 말하는 것도 꿈이 이루어질 확률을 높입니다. 말이나 글로 생각을 공개하면, 끝까지 이루고자 하는 의지가 강해지기 때문이지요. 이를 공개선언 효과라고 한답니다.

꿈을 종이에 쓰면 목표가 되고,

목표를 나누면 계획이 되며,

계획을 실천하면 비전이 되고,

비로소 그 꿈이 실현되는 것이다.

– 그레그 S. 레이드

꿈의 목록과 비슷한 활동으로 '꿈의 앨범'이 있습니다. 작성한 꿈을 그림으로 표현해 보는 것입니다. 자신에게 잘 맞는 활동을 골라보세요.

차근차근
써 내려가는
꿈의 목록

"나는 미래에 어떤 모습일까요?"

"다른 사람에게 어떤 도움을 주고 싶나요?"

"내가 하고 싶은 일은 무엇인가요?"

"가보고 싶은 여행지가 있나요?"

"만나고 싶은 사람이 떠오르나요?"

"언젠가 꼭 배우고 싶은 것이 있다면?"

"우리 가족의 미래 모습은 어떠할까요?"

"꼭 갖고 싶은 것이 있다면?"

"반드시 성취하고 싶은 것은 무엇인가요?"

"내가 살고 싶은 집의 모습을 상상한다면?"

무엇이 행복한 영재를 만드는가

"내가 타고 싶은 차를 머릿속에 그려본다면?"

"내가 꼭 해내야 하는 일이 있다면?"

꿈의 목록을 작성할 때 이 질문을 머릿속에 그려보면 도움이 됩니다. 떠오르는 꿈의 목록을 차근차근 빈칸에 적어보세요. 이렇게 써보는 것만으로 삶이 한층 활기차집니다. 기억하세요. 이 꿈은 꼭 이루어질 것입니다!

차근차근 써 내려가는 꿈의 목록

03

자녀와
함께하는
인생 계획

꿈의 목록을 만들었으니, 이제 구체적인 계획을 세워볼 차례입니다. 한 고등학교의 학생들은 매해 1월이 되면 마음이 바빠진다고 합니다. '인생 계획표'를 만들어야 하기 때문이지요. 그 학교에서는 매년 학생들에게 앞으로 살아갈 인생을 내다보며 상세한 계획을 세우게 합니다. 그리고 실천할 내용을 점검하는 시간을 갖지요. 지금부터 나의 인생 계획을 세워보겠습니다. 지금까지 적어본 가치, 좌우명, 가훈, 비전, 꿈의 목록을 살펴보면 도움이 됩니다.

부모로서 나의 자녀와 함께 이루고 싶은 계획을 먼저 세워보겠습니다.

	나의 나이	아이의 나이	이루고 싶은 목표	목표달성을 위해 자녀와 함께 해 나갈 일들
지금	살	살		
5년 뒤	살	살		
10년 뒤	살	살		
20년 뒤	살	살		
30년 뒤	살	살		
40년 뒤	살	살		

빈칸을 모두 채웠다면, 좀 더 가까운 미래 계획을 세워보겠습니다.

5년 뒤 우리 가족의 모습	
5년 뒤의 목표를 위해 올해 우리가 해야 할 일	
올해 할 일을 위한 구체적인 계획들	

무엇이 행복한 영재를 만드는가

04

나만의
인생 계획

이제 나의 인생 계획을 세워볼 시간입니다. 누군가의 부모가 아닌,

오롯이 한 인간이 되어 내 삶에서 이루고 싶은 것들을 떠올려보세요.

	−40살	41−50살	51−60살	61−70살	71−80살	81−죽음
내 삶의 전체 목표						
시기별 목표						
내가 할 일						

Part 4.

자녀 마음
설명서

하인리히 법칙을 들어보았나요? 한 가지 대형사고가 발생하기 전에, 비슷한 원인으로 29번의 작은 사고가 발생한다고 합니다. 이 작은 사고 전에는 무려 300번에 이르는 이상 징후가 감지된다고 하지요. 초기에 이상 징후를 알아챌 수 있다면, 얼마든지 대형사고를 막을 수 있습니다.

이를 부모와 자녀 관계에 적용해보면 어떨까요? 날카로운 말 한마디, 사소한 무관심, 퉁명스러운 행동 하나가 나중에 커다란 갈등으로 이어질 수 있습니다. 그럼 어떻게 해야 할까요? 일단 서로의 마음을 알아보도록 합니다. 부모와 자녀가 함께하는 활동을 시작해보도록 하지요.

01

부모가
짐작하는
자녀의 마음

부모가 먼저 활동을 시작합니다. 자녀의 마음을 짐작해 보는 것이지

요. 이때 묻지 말고 부모 혼자 작성해 보세요.

무엇이 행복한 영재를 만드는가

힘들 때 자녀가 듣고 싶어 하는 말은?	
자녀가 상처받는 순간은?	
부모에게 바라는 것이 있다면?	

02

대답을 통해
확인한
자녀의 마음

이제는 자녀에게 직접 물어볼 차례입니다. 자녀가 하는 말을 귀담아

듣고 빈칸을 채워보세요.

무엇이 행복한 영재를 만드는가

힘들 때 자녀가 듣고 싶어 하는 말은?	
자녀가 상처받는 순간은?	
부모에게 바라는 것이 있다면?	

03

갈등 해결을 위한
노력

두 가지 활동을 하는 동안 당황했던 순간이 있었을 겁니다. 생각과 실제가 다른 경우가 있었을 테니까요. 이 과정에서 알게 된 것을 잘 기억해두세요. 자녀와의 관계 개선에 큰 도움이 됩니다. 크고 튼튼한 유리창도 작은 흠집 하나에 깨지곤 합니다. 자녀가 입은 마음의 상처를 잘 보듬어야 하는 이유가 거기에 있습니다. 내 아이가 힘들어할 때 어떤 말을 건네면 좋을까요? 함께 생각해 봅시다.

자녀가 힘들어할 때 건네고 싶은 말	
부모로서 평소에 해줄 수 있는 일	

Part 5

함께
정하는
규칙

01

자경문
살펴보기

　가족 사이에도 규칙은 필요합니다. 규칙을 미리 정해놓으면 불필요한 갈등을 줄일 수 있습니다. 가족이 함께 규칙을 정할 때 도움이 될 글귀가 있습니다. 율곡 이이 선생이 쓴 자경문 가운데 네 가지를 추렸습니다. 자경문은 흐트러짐 없는 삶을 위해 스스로 정한 규칙을 말합니다. 지금부터 함께 살펴보지요.

무엇이 행복한 영재를 만드는가

본받고 싶은 사람	먼저 그 뜻을 크게 가져야 한다. 성인을 본보기로 삼아서 조금이라도 그분에게 미치지 못하면 나의 일은 끝난 것이 아니다.
평소 마음가짐	마음이 안정된 사람은 말이 적다. 말을 줄이는 것이 안정의 시작이다.
책을 읽는 이유	일이 있으면 합당하게 처리할 방도를 찾고, 그런 뒤에 글을 읽는다. 글을 읽는 까닭은 옳고 그름을 파악하여 일에 적용하기 위함이다.
학습에 임하는 자세	공부는 늦춰서도 안 되며, 서둘러서도 안 된다. 죽은 뒤에야 비로소 끝나는 것이 공부다. 만약 그 효과를 빨리 얻고자 한다면 이 또한 이익을 탐하는 마음이다.

02

가족 자경문

　율곡 이이 선생의 자경문을 참고하여 우리 가족의 자경문을 만들어 보세요. 첫째, 본받을 사람을 정합니다. 세종대왕을 골랐다면 이유도 써보세요. '사람을 귀하게 여기고 존중하는 태도를 본받고 싶다' 둘째, 가족이 평소에 지녀야 할 마음가짐을 정합니다. 차분함, 즐거움, 상대에 대한 배려, 긍정적인 자세, 어느 것이든 좋습니다. 셋째, 책을 읽는 이유를 찾습니다. 지식을 얻기 위해, 호기심을 충족하기 위해, 재미있는 시간을 보내기 위해. 어느 것이든 좋습니다. 넷째, 학습에 임하는 자세를 정해 보세요. 예를 들어, 하루 공부량 정하기, 30분 공부하고 10분 쉬기, 집중할 때는 말 걸지 않기, 그날 배운 것은 그날 복습하기 등이 있겠지요.

무엇이 행복한 영재를 만드는가

본받고 싶은 사람	
평소 마음가짐	
책을 읽는 이유	
학습에 임하는 자세	

03

함께 지킬
규칙 정하기

　자경문을 만들었다면, 이번에는 가족이 함께 지킬 규칙을 정해 보세요. 이때 가족 구성원 모두의 의견이 반영되어야 합니다. 부모님의 주도로 규칙이 정해지면 자칫 잔소리 목록이 될 수 있습니다. 조금씩 양보하며 가족이 함께 만족할 수 있는 규칙을 정해 보세요. 거창할 필요는 없습니다. 사소한 것에서 행복이 시작되는 법이니까요.

예) 함께 행복해지는 가족 규칙

자유시간을 소중히 여기고 어떤 간섭도 하지 않는다.

상대의 말을 중간에 끊지 않고 귀담아 들어준다.

함께 식사할 때 휴대전화를 보지 않는다.

집에 늦게 돌아올 땐 미리 연락해서 이유를 말한다.

외식할 때 한 사람씩 돌아가며 메뉴를 정한다.

함께 행복해지는 우리 가족의 규칙	
1	
2	
3	
4	
5	
6	

특별한 날,
오늘

01

후회할
다섯 가지

워크북을 시작할 때 마주했던 첫 질문입니다.

"만약 내가 5분 후에 죽는다면, 지금 무엇을 하겠습니까? 가족에게
어떤 말을 남기고 싶나요?"

이제 이 질문을 살짝 바꿔보겠습니다.

"내가 지금 당장 죽는다면, 가장 후회할 다섯 가지는 무엇일까요?"

무엇이 행복한 영재를 만드는가

1	
2	
3	
4	
5	

02

버킷리스트

죽음을 앞둔 이들에게 후회하는 것에 관한 질문을 던지면 크게 세 가지 대답이 돌아온다고 합니다.

첫째, "나를 돌보며 살았더라면…." 가족을 위해 정성을 쏟다 보니 정작 자신을 챙길 여유는 없었던 것이지요. 나를 사랑하고, 나를 위한 시간을 가진다면 삶을 마무리하는 순간에 덜 후회하게 될 것입니다.

둘째, "가족과 함께 시간을 보냈더라면…." 지금보다 큰 집, 지금보다 멋진 차, 지금보다 좋은 환경을 선물하기 위해 밤낮없이 일하고 있는 건 아닌가요? 경제적인 부분도 물론 중요합니다. 하지만 가족과 함께하는 시간을 한층 소중히 여겨야만 합니다.

셋째, "좀 더 용기를 내어 볼 것을…." 이미 늦었다고 포기한 일이 누구에게나 있습니다. 비난을 받을까 봐, 괜한 생각일까 봐, 아무 소용없을까 봐 물러섰던 일은 결국 미련으로 남습니다. 두려워하지 마세요. 지금 당장 도전하세요.

버킷리스트는 죽기 전에 꼭 해 보고 싶은 일을 정리한 목록입니다. 후회 없는 삶을 위해 나만의 버킷리스트를 만들어 봅시다.

버킷리스트
나를 돌보기 위한 일

무엇이 행복한 영재를 만드는가

버킷리스트
가족과 함께 해보고 싶은 일

버킷리스트

더 늦기 전에 도전하고 싶은 일

03

나에게
보내는
편지

지금 이 순간을 특별하게 만들어 봅시다. 내 생의 전환점이 오늘이 되면 어떨까요? 이를 위해 두 가지를 찾아봅시다.

먼저, '나'를 찾아봅니다. 지금껏 알았던 나에게서 벗어나 새로운 나를 발견해야 합니다. 나는 어떤 사람인지 곰곰이 생각해봐야 합니다. 다음으로는 '의미 있는 일'을 찾아봅시다. 경제적인 이유에 머물지 말고 좀 더 큰 범위를 떠올려보세요. 사회에 도움이 될 방법을 찾는 것도 좋습니다. 나를 더욱 의미 있게 만들 일은 무엇일까요?

무엇이 행복한 영재를 만드는가

이제 기록을 남길 차례입니다. 지금 이 순간을 특별하게 기억할 '미래의 나'에게 편지를 써보세요. '과거의 나'도 좋습니다. 아이의 첫 초음파 사진을 보았던 때를 떠올리며, 그때의 나에게 편지를 써보세요.

나에게 보내는 편지

Part 7

미리
맞이하는
그날

01

죽음을 위한
준비

사람은 모두 죽습니다. 세상 모든 부모는 소망하지요.

"내가 죽은 뒤에도 자녀가 잘 살아가기를….."

이 소망을 위해 준비할 두 가지가 있습니다. 부모가 미리 대비하지 않으면, 먼 훗날 자녀에게 힘겨운 시간을 안겨줄 수 있습니다. 지금부터 함께 살펴봅시다.

사전연명의료의향서

회복할 가능성이 없는데도 죽음에 이르는 기간을 연장하기 위해 제공하는 심폐소생술, 인공호흡기, 혈액 투석, 항암제 투여 등을 연명의료라고 합니다. 치료 효과는 없고 환자의 고통만 더하는 시간이지요. '사전연명의료의향서'는 환자와 가족의 원활한 의사결정을 위해 만들어진 문서입니다. 먼 훗날을 대비해 내 뜻을 문서로 작성하는 것입니다.

이 의향서가 없다면, 병원은 무의미한 연명의료를 계속해야 합니다. 부모님의 고통을 보면서 자녀는 아무런 조치도 취할 수 없지요. 여러분이 의식을 잃고 사경을 헤맬 때 자녀에게 힘겨운 시간을 남기지 마십시오.

사전연명의료의향서가 법적 효력을 인정받기 위해서는 등록기관을 통해 작성되어야 합니다. 반드시 '국립연명의료관리기관'을 검색한 뒤 절차를 밟으세요. 생각만큼 복잡하지 않습니다. 이제 연명의료에 관한 내 생각을 적어봅시다.

연명의료에 관한 나의 생각

무엇이 행복한 영재를 만드는가

사전장례의향서

나의 장례를 어떻게 치를 것인지 미리 뜻을 밝힐 수 있습니다. 사전 장례의향서를 작성하면 가능합니다. 연명의료에 관한 서류처럼 법적 효력을 갖지는 못하지만, 미리 작성해두면 불필요한 장례 의식을 막을 수 있지요. 자녀의 부담도 덜 수 있습니다. 내 뜻을 미리 알리지 않으면, 자녀들은 관습대로 장례를 치를 수밖에 없습니다. 함께 살펴봅시다.

수의

삼베로 된 수의를 입히는 문화가 일반적이지만, 평소에 즐겨 입던 옷으로 대신해 달라거나 검소한 수의를 선택해 달라고 미리 뜻을 밝힐 수 있습니다.

관

전통적으로 나무로 된 관을 사용해 왔으나, 최근에는 화장 문화가 일반화되면서 변화가 생겼습니다. 나무 관과 구별이 안 될 만큼 견고한 종이 관이나, 소박한 관으로 선택해 달라고 미리 뜻을 밝힐 수 있습니다.

시신 처리

매장을 하기도 하지만, 대부분 화장을 합니다. 이에 따라 다양한 시신 처리 방법이 생겨났습니다. 납골당과 같은 봉안시설을 이용하기도 하고, 수목장과 같은 자연장을 이용하기도 합니다. 미리 기증 의사를 밝힐 수도 있습니다.

그 외

이밖에도 어디까지 부고를 알릴 것인지, 부의금과 조화를 받을 것인지, 손님 대접은 어떻게 할 것인지 등 나의 장례 방법을 미리 알릴 수 있습니다. 그러면 자녀들이 해야 할 힘든 결정을 덜어줄 수 있지요. 나는 어떤 장례를 희망하고 있을까요?

장례 방법에 대한 나의 생각

02

죽음 이후를 위한
내 마지막
기록

죽음을 바라보는 관점은 크게 3가지로 나뉩니다.

첫째, 죽음과 동시에 모든 것이 소멸된다는 물리주의입니다. 『죽음이란 무엇인가』의 저자 셸리 케이건은 죽으면 모든 게 끝이라고 말합니다. 죽음 이후의 시간은 그 어떤 것도 증명된 것이 없기 때문이지요. 둘째, 몸은 사라지지만 단절된 영혼으로 다시 환생한다고 믿는 비연속적 이원론입니다. 불교의 관점이 이에 해당합니다. 다른 영혼으로 다시 태어난다는 것이지요. 셋째, 몸이 사라진 후 동일성을 지닌 영혼으로 영원히 살게 된다는 연속적 이원론입니다. 기독교의 관점이 이에 해당합니다. 여러분은 어떤 관점으로 죽음을 바라보나요?

죽음교육전문가들은 삶의 두 가지 가르침을 강조합니다.

하나는, '인간은 반드시 죽는다'는 것입니다. 다시 말해 누구나 죽기 때문에 너무 슬퍼할 필요가 없다는 것이지요. "떠나보내는 것이 아니라, 고인이 먼저 가셨을 뿐이다." 이렇게 이해하라고 말합니다. 어차피 우리도 뒤따라갈 것이니까요. 다른 하나는, '지금의 삶은 단 한 번뿐이다'라는 것입니다. 지금의 몸과 영혼으로 사는 것은 이번뿐이라는 말이지요. 그러니 이 소중한 삶에 대해 끊임없이 질문하고, 생각하라고 이야기합니다.

이제 대단원의 막을 내리겠습니다. '자격 있는 부모로 성장하는 워크북'의 마무리는 유언장을 미리 작성해 보는 것입니다. 이때 자필 유언장의 법적 효력을 위한 필수사항을 알아두는 것이 좋습니다. 작성자의 이름, 번지수까지 포함한 세부 주소, 유언장의 내용, 연월일을 포함한 날짜를 모두 자필로 작성 후 날인합니다. 날인은 도장과 지장까지는 인정하지만, 사인은 인정하지 않습니다.

나의 자필 유언장

무엇이 행복한 영재를 만드는가

감사의 글

강릉 안목항, 커피숍 2층. 창 너머 보이는 바다가 오늘따라 짙은 푸른색이다. 밀려오는 파도에 내 청춘도 함께 밀려온다. 30여 년 전, 아이들과 처음 마주했던 떨림부터 지금 이 벅찬의 시간까지.

지금껏 직접 가르친 영재만 1만 명이 넘는다. 진로를 위해 심층 상담을 했던 영재는 천 명에 달한다. 매 순간 행복했고, 매 순간 최선을 다했다. 한편으론 언제나 마음이 무거웠다. 아이들이 받아들일 내 말의 영향력이 언제나 책임감으로 나를 짓눌렀기 때문이다. 그래서일까. 상담하고 온 날이면 유독 지쳐 보이는 나를 위해 좋아하는 반찬을 내놓는 아내가 한없이 고마웠다.

'어떻게 하면 아이들에게 더 좋은 환경을 줄 수 있을까?'

고민에 고민을 거듭한 끝에 교육현장에 부모를 참여시키기로 마음 먹었다. 꼭 필요한 주제를 하나로 모았다. 상담할 때마다 느꼈던 아쉬움을 해결하는 방법이었다. 10년 전부터 학부모 특강을 병행했다. '상위 0.1% 심층 상담 천 명, 성적보다 중요했던 그들의 시크릿'. 아이의 행복을 위한 부모의 역할을 알리는 시간이었다. 적어도 수만 명은 만났으리라. 그런데 최근 들어 급격한 변화를 느낀다. 바로 아이들과 수업할 때다. 이제는 내려놓을 때가 다가옴을 직감한다.

'요즘 아이들에겐 호흡이 더 잘 맞는 선생님이 필요해.'

이 생각이 강해질수록 마음이 조급해졌다. 내 원칙 때문이었다.

'상담은 내가 수업한 학생만을 대상으로 한다.'

불가피한 경우가 아니면 이 원칙을 지켜왔다. 아이와의 평소 경험이 많아야 진로에 관해 더 적절한 조언을 해 줄 수 있기 때문이다. 그런데 수업을 내려놓는다는 것은 상담 내용이 많이 제한된다는 것을 의미한다.

'어떻게 해야 할까?'

이 고민의 끝이 바로 이 책이다.

'꼭 알아야 할 원칙만을 담아서 부모 자격을 갖추게 하자.'

1만 명의 영재를 교육하고, 천 명 이상을 심층 상담하며 내가 깨달은 모든 것이 안에 고스란히 담겨 있다.

인천대 이정훈 선생님, 권수진 선생님, 최세진 선생님, 이지영 선생님, 강릉원주대 최성아 선생님, 이주은 선생님, 창원대 이유정 선생님, 김리경 선생님, 순천대 박나리 선생님, 김수지 선생님, 군산대 조성준 선생님, 라은혜 선생님, 전남대 박은화 선생님…. 수많은 영재원 선생님과 지인들이 그토록 집필해 달라 요청했던 이야기를 이제야 밀린 숙제처럼 내놓으며 감사를 전한다. 아울러 『부모 자격 교육과정』이 세상에 나올 수 있도록 도와주신 황을호 박사님과 한국인성교육협회 홍승신 이사장님, 왕금분 실장님께도 감사드린다. 나의 교육철학을 늘 응원해 주셨던 원더랜드 박승도 사장님, 그리고 루크북스 이재성 사장님께도 지면을 빌어 감사를 전한다. 무엇보다 내 진심이 이 책을 읽는 모든 분에게 잘 전달되기를 소망해 본다.

고즈넉했던 이곳이 어느새 이름 높은 관광지가 되었다. 그래도 안목항은 여전히 교육자로서, 상담자로서 내게 초심을 일깨워주는 장소다. 이 책을 이곳에서 세상에 띄운다. 부디 더 많은 영재가 행복해지길 마음 깊이 바라며.

따스한 봄날, 김성춘

나 비 스 쿨 칼 비 테 전 인 교 육 연 구 소

전인교육은 학생의 인격적인 성장과 책임 있는 시민으로의 육성에 목표를 두고 있습니다. 이를 위해 학문적인 지식교육 이외에도 개인의 자아실현, 사회적 가치와 윤리, 건강한 신체 활동, 정서적 발달 등을 통합적으로 접근합니다. 이는 21세기 교육의 목표이기도 합니다.

칼 비테(Karl Witte, 1748-1831)는 독일의 교육자로, 미숙아로 태어난 아들을 6개 국어를 구사하는 영재로 키워냈습니다. 그의 아들 칼 비테 주니어는 13세의 나이에 박사학위를 취득하고, 16세에는 법학과 교수의 자리에 올랐지요. 칼 비테가 오늘날 크게 주목받는 것은, 이미 2백여 년 전에 완벽한 전인교육을 실현했기 때문입니다. 그의 아들은 행복하고 따뜻한 영재로 성장했으며, 일평생 사회와 인류를 위해 공헌하였습니다.

"아이의 행복이 교육의 목표다. 모든 교육은 아이의 속도에 따라야 한다."
"건강한 신체와 따뜻한 마음이 올바른 교육의 바탕이다."
"사회에 이바지할 영재를 키우는 것이 교육자의 진정한 역할이다."

나비스쿨 칼 비테 전인교육연구소는 아이의 숨겨진 영재성을 일깨우는 칼 비테의 교육철학을 실천합니다. 또한 '친절한 안내자'로서 부모님의 교육적 동반자가 되겠습니다.

나비스쿨 칼 비테 전인교육연구소는

– 아이가 지닌 아레테(Arete)를 믿습니다.
– 특별한 교육으로 아이의 영재성을 일깨웁니다.
– 인류에 이바지하는 행복한 영재를 키웁니다.

* Arete란 인간이 지닌 탁월함과 영재성을 뜻합니다.

■ **교육 및 상담 문의는 navischool21@naver.com으로 해주시면 됩니다.**